Howard und Geraldine Taylor

# Hudson Taylor – Abenteuer mit Gott

JOHANNIS LAHR

**EDITION VLM**
Verlag der Liebenzeller Mission

ISBN 3 88002 390 5

5. Auflage 1992
Die englische Originalausgabe erschien unter dem
Titel »Hudson Taylor's Spiritual Secret«
by Overseas Missionary Fellowship, London
© Copyright der englischen Ausgabe
by Overseas Missionary Fellowship, London
© Copyright der deutschen Ausgabe
1974 by Edition VLM im Verlag der St.-Johannis-Druckerei
C. Schweickhardt, Lahr-Dinglingen
Aus dem Englischen von Inge Bürklin
Alle Rechte vorbehalten
Umschlagfoto: Hans Schmied/Bavaria
Umschlaggestaltung: Grafisches Atelier Arnold, Dettingen/Erms
Gesamtherstellung:
St.-Johannis-Druckerei C. Schweickhardt, 7630 Lahr-Dinglingen
Printed in W.-Germany   10776

# Inhaltsverzeichnis

*Menschen sind Gottes Methoden. Die Kirche sucht nach besseren Methoden; Gott sucht nach besseren Menschen . . . Was die Kirche heute braucht, sind nicht weitere und verbesserte Mechanismen, nicht neue Organisationen oder neuartige Methoden, sondern Menschen, die der Heilige Geist gebrauchen kann – Menschen des Gebets, Menschen mächtig im Gebet. Der Heilige Geist kommt nicht über Mechanismen, sondern über Menschen. Er heiligt nicht Pläne, sondern Menschen – Menschen des Gebets . . .*

*Die Ausbildung der Zwölf war das große, schwierige und geduldige Werk Christi . . . Nicht große Talente, große Geister oder große Prediger gebraucht Gott, sondern Menschen, die groß in der Treue, groß für Gott – Menschen, und besonders Männer, die von der Kanzel heilige Predigten halten, aus denen heiliges Leben quillt. Diese können eine Generation für Gott heranbilden und gestalten.*

*E.M. Bounds*

*Der Gründer der China-Inland-Mission, James Hudson Taylor, war Arzt, ein Mann voll des Heiligen Geistes und voller Glauben und ganz Gott und seinem Ruf hingegeben. Er war ein Mann von großer Selbstverleugnung, hatte ein rührendes Mitgefühl und eine seltene Gebetskraft, dazu ein wunderbares Organisationstalent, energische Initiative, unermüdliche Ausdauer und einen erstaunlichen Einfluß auf Menschen. Trotz alledem war er voll kindlicher Demut.*

*Professor Warneck*

*Sicherlich war niemand besser als er für diese schwierige Aufgabe geeignet, ein großes, übergemeindliches und internationales Missionswerk ins Leben zu rufen und in einem von Millionen von Menschen bevölkerten Land wie China zu leiten. Die China-Inland-Mission wurde in seiner Seele geboren, und jede Phase ihres Fortschritts entsprang seinen persönlichen Bemühungen. In der Stille seines Herzens, in tiefer, unausgesprochener Gemeinschaft mit Gott hatte die Mission ihren Ursprung, und sie bleibt seinem Andenken erhalten.*

*H. Grattan Guinness, D. D.*

# Kapitel 1
# Ein offenes Geheimnis

Trag keine Sorg alleine,
nur eine ist zuviel für dich –
das Werk ist mein und mein allein,
dein Werk ist – in mir zu ruhn.

Hudson Taylor war kein Einsiedler. Er war ein Mann der Tatsachen, ein Familienvater, und jemand, der große Verantwortung trug. Äußerst praktisch veranlagt, führte er ein Leben ständiger Anpassung an alle möglichen Menschen und Umstände. Rein körperlich war er kein Riese und kein Atlas, der die Welt auf seinen Schultern zu tragen vermochte. Klein von Statur und alles andere als stark, hatte er dauernd mit körperlichen Schwächen zu tun. Außer seinem gläubigen Elternhaus bestand der größte Vorteil seiner frühen Jahre darin, daß er schon mit ungefähr sechzehn Jahren für sich selbst aufkommen mußte. Er arbeitete hart und wurde ein tüchtiger Arzt; er konnte sich um ein Baby kümmern, Essen kochen, Bücher führen und die Kranken und Betrübten trösten, genausogut wie er große Unternehmungen ins Leben rufen und Männern und Frauen in der ganzen Welt geistliche Führung geben konnte.

Darüber hinaus stellte er die Verheißungen Gottes unter Beweis und zeigte außerdem, daß es durchaus möglich ist, ein konsequentes geistliches Leben auf der höchsten Ebene zu führen. Er überwand Schwierigkeiten, denen nur wenige je gegenüberstanden, und hinterließ ein Werk, das Jahrzehnte nach seinem Tod immer noch wächst und sich weiterentwickelt. Das Innere Chinas öffnete sich dem Evangelium größtenteils durch die Auswirkungen der Kraft Gottes in seinem Leben, Zehntausende von Seelen wurden in bis dahin unerreichten Provinzen für Jesus Christus gewonnen, und Hunderte von Missionaren verlassen sich seither ohne die Zusicherung eines festen Gehaltes zur Versorgung all ihrer Bedürfnisse allein auf Gott. Eine Mission entstand, die niemals um finanzielle Unterstützung bat, auch noch nie in Schulden war, die nie Männer oder

Frauen gebeten hat, sich ihr anzuschließen, und die dennoch laufend neue Mitarbeiter auf ihre Arbeitsgebiete sendet, die sich als Erhörung auf das Gebet bereitfanden zu gehen – all das sollte uns dazu aufrufen, Hudson Taylors Glauben und Hingabe nachzueifern.

Was war das Geheimnis eines solchen Lebens, mögen wir wohl fragen? Hudson Taylor hatte viele Geheimnisse, denn er ging mit Gott immer weiter. Doch der Geheimnisse gab es nur eines – nämlich das einfache, tiefe Geheimnis für jede Not und jedes Bedürfnis, waren sie nun weltlicher oder geistlicher Art, »aus dem unermeßlichen Reichtum Christi zu schöpfen«. Es würde unsere Probleme lösen und unsere Lasten erleichtern, könnten wir herausfinden, wie er das machte, und könnten wir uns seine einfache praktische Art geistlichen Dingen gegenüber zu eigen machen, damit wir auch zu all dem würden, was Gott uns werden lassen möchte. Wir wollen, wir brauchen und wir können Hudson Taylors Geheimnis und seine Frucht haben, denn wir haben Hudson Taylors Bibel und seinen Gott.

»Gedenket an eure Lehrer, die euch das Wort Gottes gesagt haben; ihr Ende schauet an und folget ihrem Glauben nach.«
»Jesus Christus gestern und heute und derselbe auch
in Ewigkeit.«

# Kapitel 2
# Wachstum einer Seele
# in frühen Jahren

Wende den Blick nur auf Jesus,
schau voll in sein Antlitz hinein,
und die Dinge der Welt werden seltsam trüb
und im Licht seiner Herrlichkeit klein.

H. Lemmel

Es fing damit an, daß der junge Hudson Taylor eine Stunde bei den Büchern seines Vaters zubrachte, als er nach etwas suchte, das ihn interessierte. Seine Mutter war von zu Hause weg, und der Junge sehnte sich nach ihr. Das Haus schien so leer. Und so nahm er die Geschichte, die er fand, mit zu einem Lieblingsplatz im alten Warenschuppen und beabsichtigte, darin zu lesen, solange es nicht langweilig würde.

Viele Kilometer weiter entfernt legte sich der Mutter an jenem Samstagnachmittag eine besondere Last für ihren einzigen Sohn aufs Herz. Sie entschuldigte sich bei ihren Freunden und ging an einen stillen Ort, um Gott zu bitten, daß er ihn erlöse. Stunde um Stunde verging, während die Mutter auf ihren Knien verharrte, bis ihr Herz sich mit der freudigen Gewißheit erfüllte, daß ihre Gebete erhört worden waren.

Der Junge las indessen in dem Büchlein, das er sich ausgesucht hatte, und als die Geschichte in etwas Ernsteres überging, erregten folgende Worte seine Aufmerksamkeit: »Das vollendete Werk Christi.« Wer kann das Geheimnis des Wirkens des Heiligen Geistes ergründen? Eine seit langem brachliegende, doch vertraute Wahrheit erstand plötzlich wieder in Herz und Sinn.

»Warum gebraucht der Schriftsteller diese Worte?« fragte er. »Warum sagt er nicht ›das Versöhnungswerk Christi‹?«

Und plötzlich schienen die Buchstaben der Worte »Es ist vollbracht« herauszuleuchten. Vollbracht? Was war vollbracht?

»Eine völlige und vollkommene Sühne für die Sünde«, antwortete es in seinem Herzen. »Die Schuld war von dem großen Stellvertreter bezahlt worden. ›Christus starb für unsere Sünden, und nicht für unsere allein, sondern auch für die Sünde der ganzen Welt.‹«

Dann kam ihm mit erstaunlicher Klarheit der Gedanke: »Wenn das ganze Werk vollbracht ist und die ganze Schuld bezahlt, was bleibt mir dann noch zu tun?«

Eine Antwort, ja die einzige Antwort darauf ergriff von ihm Besitz: »Also bleibt nichts mehr, absolut nichts mehr für mich zu tun, als auf die Knie zu fallen und diesen Heiland und seine Erlösung anzunehmen und ihn ewig dafür zu preisen.«

Alle Zweifel und Ängste waren wie fortgeblasen. Die Realität der wunderbaren Erfahrung, die wir Bekehrung nennen, erfüllte ihn mit Frieden und Freude. Neues Leben entstand aus dieser einfachen Aufnahme des Herrn Jesus Christus, denn »wie viele ihn aber aufnahmen, denen gab er Macht, Gottes Kinder zu werden«. Und das neue Leben brachte große Veränderungen mit sich.

Erfüllt von dem Wunsch, seiner Mutter seine neugefundene Freude mitzuteilen, war er der erste, der sie bei ihrer Rückkehr begrüßte.

»Ich weiß, mein Junge, ich weiß«, sagte sie, indem sie ihre Arme um ihn legte. »Ich habe mich schon ganze vierzehn Tage über die frohe Neuigkeit gefreut, die du mir zu sagen hast.«

Eine weitere Überraschung erwartete ihn nicht lange danach, als ihm ein Notizheft in die Hand fiel, das er für sein eigenes gehalten hatte und in dem er mit der Handschrift seiner Schwester eine Notiz fand, in der es hieß, daß sie sich täglich zum Gebet verpflichtete, bis Gott mit der Bekehrung ihres einzigen Bruders antworten würde. Das junge Mädchen hatte diesen Entschluß erst vor einem Monat niedergeschrieben.

»Aufgewachsen in solch einem Kreis«, schrieb Hudson Taylor, »und unter solchen Umständen errettet, war es wahrscheinlich natürlich, daß ich gleich zu Beginn meines Christenlebens erkannte, daß die Verheißungen der Bibel sehr real sind, und daß das Bittgebet nüchtern betrachtet einer Geschäftsabwicklung mit Gott glich, ob nun für einen selbst oder für jemand, für den man seinen Segen erfleht.«

Bruder und Schwester hatten sich jetzt auf neue Weise gefunden, und obgleich beide noch jung waren, er war erst siebzehn, begannen sie doch alles daranzusetzen, andere für Christus zu gewinnen. Das war das Geheimnis des schnellen Wachstums in geistlichen Dingen. Gleich von Anfang an wurde des Herrn Sehnen nach den Verlorenen zu ihrem eigenen. Nicht »sozialer Dienst«, sondern der innige Wunsch, ein Leben für andere zu führen mit dem obersten Ziel der Errettung ihrer Seelen, trieb sie hinaus. Und dies kam nicht aus einem Gefühl der Überheblichkeit, sondern wurde von einer tiefen Liebe zum Herrn Jesus Christus getrieben.

Diese Liebe machte sie in der darauffolgenden Zeit oft traurig, wenn sie in ihr altes Leben zurückfielen und die Freude an der Gegenwart Jesu verlorenging. Es ging auf und ab, wie bei den meisten jungen Christen, wenn die Vernachlässigung des Gebetes und des Wortes Gottes Herzenskälte mit sich bringt. Das Außergewöhnliche an Hudson Taylors frühen Erfahrungen mit Gott war, daß er sich nur mit dem Besten zufrieden gab, d. h. Gottes Bestem, nämlich der realen und ständigen Freude an seiner Gegenwart. Ihrer beraubt zu sein, war so wie ohne Sonnenlicht zu leben und ohne Kraft zu arbeiten. Daß er die Freude am Herrn in jenen frühen Tagen kannte, geht aus folgenden Aufzeichnungen hervor. An einem freien Nachmittag hatte sich Gelegenheit zum Gebet gegeben, und von einem tiefen Verlangen getrieben, suchte er sein Zimmer auf, um mit Gott allein zu sein.

»Gut erinnere ich mich noch daran, wie ich in meiner Herzensfreude meine Seele vor Gott ausschüttete. Wieder und wieder bekannte ich ihm meine dankbare Liebe für all das, was er für mich getan hatte, der mich errettet hatte, als ich alle Hoffnung, ja selbst den Wunsch nach Erlösung aufgegeben hatte. Und ich bat ihn inständig, mir doch eine Aufgabe für ihn zu geben als Zeichen meiner Liebe und Dankbarkeit . . .

Gut erinnere ich mich noch, wie ich mich selbst, mein Leben, meine Freunde, ja mein alles auf den Altar legte und wie meine Seele von der tiefen Gewißheit erfüllt wurde, daß mein Anerbieten angenommen worden war. Die Gegenwart Gottes wurde unaussprechlich real und segensreich, und ich erinnere mich . . . daß ich mich auf dem Fußboden lang ausstreckte und mit unaussprechlicher Freude und mit unaussprechlicher Ehrfurcht vor ihm dalag. Zu welchem Dienst ich angenommen worden war, wußte ich nicht, doch ein tiefes Bewußtsein, daß ich nicht mehr mir selbst gehörte, ergriff von mir Besitz und ist seitdem nie von mir gewichen.«

Wenn wir meinen, daß Jungen oder Mädchen in den Teenagerjahren zu jung für solche tiefen Erfahrungen sind, dann sind wir wahrlich im Irrtum. Zu keiner Zeit im Leben ist die Fähigkeit sich hinzugeben, größer, wenn sich des Herzens tiefste Quellen der Liebe Gottes öffnen.

# Kapitel 3
# Erste Glaubensschritte

Dieses Bewußtsein seines Rufes war an kein vollkommenes Wesen ergangen. Er war ein ganz normaler junger Mann mit vielen Versuchungen, der ein beschäftigtes, ausgefülltes Leben führte, ob nun als Schreiber in der Bank oder als Lehrling in seines Vaters Geschäft. Und als auch noch ein lebhafter Cousin sein Zimmergenosse wurde, fiel es ihm zuerst nicht leicht, dem Wichtigsten den Vorrang zu geben und sich Zeit zum Gebet zu nehmen. Doch ohne Gebet gibt es nur Versagen und Unruhe. Die Seele, die dann hungert, wird ihrer Freude am Herrn beraubt. Hudson Taylor mußte lernen, daß es keinen Ersatz für echtes geistliches Leben gibt.

»Ich sah ihn, und ich suchte ihn, ich hatte ihn, und ich wollte ihn«, schrieb jemand, der tief eingedrungen war in die Erkenntnis Gottes. Und auch der Barnsley-Junge hatte, obwohl erst am Anfang stehend, den gleichen großen Hunger und Durst nach geistlichen Dingen, den der Herr so gerne stillt. »Meine Seele dürstet nach dir«, war das Verlangen Davids.

Und weiter: »Meine Seele hanget dir an.«

In solch einer Niederlage und dem Verlangen nach tieferem Segen empfand Hudson Taylor plötzlich auf eine neue Weise die Nähe Gottes. Blitzartig und ohne ein gesprochenes Wort verstand er.

Er war mit sich am Ende und da angelangt, wo nur noch Gott eingreifen und befreien konnte, wo er seinen Beistand und seine erlösende Kraft haben mußte. Wenn Gott in ihm wirken würde, die Macht der Sünde brechen und ihm den Sieg in Christus geben würde, dann würde er auf alle irdischen Ziele und Aussichten für die Zukunft verzichten, dann würde er überall hingehen, alles tun, um seiner Sache willen leiden und ihm ganz zur Verfügung stehen. Dies war der Schrei seines Herzens. Ach, wollte Gott ihn doch heiligen und vor erneutem Fallen bewahren!

»Niemals werde ich vergessen«, schrieb er lange danach, »welch ein Gefühl über mich kam. Worte können es nicht beschreiben. Ich meinte in der Gegenwart Gottes zu stehen und einen Bund mit dem Allmächtigen eingegangen zu sein. Ich meinte den Wunsch zu verspüren, mein Versprechen wieder rückgängig zu machen, doch ich konnte es nicht. Etwas schien in mir zu sagen, ›dein Gebet ist erhört; deine Bedingungen sind angenommen‹. Und von dem Augenblick an hat mich die feste Überzeugung nie verlassen, daß ich nach China berufen worden war.«

China, das große Land, das ihm seit früher Kindheit durch die Gebete seines Vaters wohl bekannt war; China, das Land, dem er noch vor seiner Geburt geweiht worden war; China, dessen Not und Dunkelheit ihn oft von weither gerufen hatte – war das wirklich Gottes Weg für sein Leben? Deutlich und wie von einer Stimme gesprochen hörte er die Worte in der Stille: »Dann geh für mich nach China.«

Von dem Augenblick an vereinigten sich das große Ziel und das Gebet in seinem Leben. Denn Hudson Taylor war »der himmlischen Erscheinung nicht ungläubig«, sondern er nahm den Gehorsam dem Willen Gottes gegenüber sehr ernst. Sogleich begann er, so gut er konnte, ein Leben körperlicher Ertüchtigung zu führen, um sich auf die Anforderungen, die ihm bevorstanden, vorzubereiten. Er sorgte für mehr Bewegung in der frischen Luft, tauschte sein Federbett mit einer harten Matratze und achtete streng darauf, bei Tisch unnachsichtig gegen sich selbst zu sein. Statt nur am Sonntag zweimal zur Kirche zu gehen, verbrachte er von nun an die Abende damit, in den ärmsten Gegenden der Stadt Besuche zu machen, Traktate auszuteilen und Stubenversammlungen abzuhalten. In den engen Mietshausküchen wurde er ein willkommener Gast, und selbst auf der Rennbahn öffnete sein strahlendes Gesicht und seine freundlichen Worte die Tür für viele offenen Gespräche. All dies führte ihn aber zu weiterem Bibelstudium und Gebet, denn er fand bald heraus, daß es einzig und allein nur den Einen gibt, der uns zu »Menschenfischern« machen kann.

Auch das Studium der chinesischen Sprache wurde mit Eifer begonnen. Eine Grammatik dieser schwierigen Sprache hätte mehr als zwanzig Dollar gekostet und ein Lexikon wenigstens fünfundsiebzig. Er konnte sich weder das eine noch das andere leisten. Doch nahm er sich ein Lukasevangelium in Chinesisch vor und begann geduldig, kurze Verse mit denselben in Englisch zu vergleichen. Und so fand er selbst die Bedeutung von mehr als sechshundert Schriftzeichen heraus. Diese lernte er und stellte sich daraus sein eigenes Wörterbuch zusammen. Gleichzeitig studierte er aber auf anderen Gebieten ebenfalls weiter.

»Ich habe begonnen, um fünf Uhr morgens aufzustehen«, schrieb er an seine Schwester in der Schule, »und finde es notwendig, früh zu Bett zu gehen. Ich muß viel lernen, wenn ich wirklich nach China gehen will. Ich bin fest entschlossen zu gehen und treffe dafür alle Vorbereitungen, die ich nur kann. Ich beabsichtige, mein Latein wieder aufzufrischen, Griechisch und die Grundkenntnisse des Hebräischen zu lernen und so viele allgemeine Informationen wie möglich zu sammeln. Ich brauche Deine Gebete.«

«Die Jahre, die er bei seinem Vater als Apothekerlehrling verbracht hatte, hatten in ihm den Wunsch entfacht, Medizin zu studieren, und als sich eine Gelegenheit ergab, bei einem führenden Arzt in Hull eine Lehrstelle anzunehmen, packte er die Gelegenheit sofort beim Schopfe. Das bedeutete, daß er sein Zuhause verlassen mußte, doch war der junge Arztgehilfe zuerst im Hause des Arztes und später bei einer Tante, der Schwester seiner Mutter, immer noch gut untergebracht und von Bequemlichkeit umgeben.

Dies erwies sich tatsächlich als ein Element in seinem neuen Leben, das ihn sehr nachdenklich werden ließ. Dr. Hardey bezahlte ihm ein Gehalt, das hoch genug war, um seinen persönlichen Bedarf zu decken. Davon gab er, aus Pflichtgefühl und weil es sein Vorrecht war, den Zehnten alles dessen, was er verdiente, der Arbeit Gottes. Er widmete am Sonntag seine Zeit der Evangelisation in einem Teil der Stadt, wo dringend leibliche und geistliche Hilfe nötig war. Dies ließ in ihm die Frage aufkommen, warum er nicht weniger für sich ausgeben sollte, um die Freude zu haben, anderen mehr zu geben.

Am Stadtrand hinter einem Stück freien Feldes grenzte eine ganze Reihe von Häuschen an einen schmalen Kanal, der der nicht allzu attraktiven Umgebung den Namen »Drainside« (Gossenseite) gab. Der Kanal war nicht viel mehr als ein tiefer Graben, in den die Drainside-Leute ihren Abfall warfen, damit er fortgespült würde, wenn die Flut hoch genug stand. Hull war nämlich eine Hafenstadt.

Die Häuschen standen wie Perlen an einer Schnur aufgereiht an den Windungen des Drain, ungefähr eine halbe Meile, und jedes hatte nur eine Tür und zwei Fenster. Hudson Taylor verließ für ein gemietetes Zimmer in einem dieser kleinen Häuschen das schöne Haus seiner Tante in der Charlotte-Straße. Mrs. Finch, seine Wirtin, war eine gläubige Christin und erfreut, den »jungen Arzt« unter ihrem Dach zu haben. Sie tat zweifellos ihr Bestes, das Zimmer sauber und bequem herzurichten, wienerte und putzte den Kamin gegenüber dem Fenster und stellte sein Bett in der äußersten Ecke des Zimmers auf. Ein einfacher glatter Tisch und ein oder zwei Stühle vervollständigten das Mobiliar. Das Zimmerchen hatte nur neun Quadratmeter und brauchte nicht viele Möbel. Es lag zu ebener Erde, und man konnte es nur von der Küche aus betreten. Vom Fenster aus schaute man hinüber zu einem ländlichen Gasthaus »The Founder's Arms«, dessen Licht in dunklen Nächten über den Schlamm und das Wasser des Drain fiel.

Im Sommer mag es anders ausgesehen haben, aber als Hudson Taylor auf Ende November dort einzog und sein Domizil errichtete, muß Drainside ziemlich trübselig und düster ausgesehen haben. Um die veränderte Situation zu vervollständigen, nahm er auch die Mahlzeiten dort ein, d. h. er kaufte unterwegs seine mageren Vorräte ein, wenn er von der Arztpraxis kam, und setzte sich selten zu einer vernünftigen Mahlzeit nieder. Er machte seine Gänge allein, verbrachte seine Abende allein und arbeitete sonntags lange Stunden in seinem Wohngebiet oder unter den Menschenmengen, die sich auf dem Humber Dock aufhielten.

Er erinnerte sich: »Nachdem ich nun das doppelte Ziel vor Augen hatte, nämlich mich an eine harte Lebensweise zu gewöhnen und sparsam zu leben, um denen mehr zu helfen, unter denen ich am Evangelium wirkte, fand ich bald, daß ich von sehr viel weniger leben konnte, als ich es zuvor für möglich gehalten hatte. Butter, Milch und andere Luxusartikel strich ich von meiner Liste und fand, daß ich nur eine kleine Summe für meine Bedürfnisse nötig hatte, wenn ich hauptsächlich von Haferflocken und Reis mit einigen gelegentlichen Abwechslungen lebte. Auf diese Art und Weise konnte ich mehr als Zweidrittel meines Einkommens für andere Zwecke nutzen, und ich machte die Erfahrung, daß meine Seele glücklicher und gesegneter war, je mehr ich anderen gab und weniger für mich ausgab.«

Gott ist keines Mannes Schuldner, und hier in der Einsamkeit lernte Hudson Taylor etwas von dem, was jemand werden kann, der in enger Gemeinschaft mit ihm wandelt. In der heutigen Zeit, wo es die Christen so leicht nehmen, sollten wir uns recht daran erinnern, daß es wirklich etwas kostet, ein Mann oder eine Frau zu sein, die Gott gebrauchen kann.

Nicht umsonst erhalten wir einen jesusähnlichen Charakter; nur mit großen Opfern kann man ein jesusähnliches Werk tun. »Könnt ihr den Kelch trinken, den ich trinken werde, und euch taufen lassen mit der Taufe, mit der ich getauft werde?«

China zog zu dem Zeitpunkt ziemlich viel Interesse auf sich wegen den bemerkenswerten Entwicklungen, die sich aus dem Taiping-Aufstand ergaben. Viele beteten, und zahlreiche Herzen regten sich aus Sorge um die Evangelisation Chinas. Doch als Enttäuschungen kamen und manch vielversprechendes Unternehmen scheiterte, hörte die Mehrzahl auf, zu beten und sich Gedanken zu machen. Die Gebetsversammlungen schliefen ein, eventuelle Missionare wandten sich einem anderen Ruf zu, und Opfergaben nahmen in solchem Maße ab, daß mehr als eine Organisation zu existieren aufhörte. Doch hier und dort gab es noch einige, auf die der Herr sich verlassen konnte – arm und schwach vielleicht, sowie unbekannt und unwichtig, doch bereit, durch seine Gnade ihm ganz zur Verfügung zu stehen und seinen Willen zu tun.

Hier zum Beispiel in seiner stillen Behausung in Drainside befand sich solch ein Mann. Trotz all seiner Begrenzungen wünschte Hudson Taylor sich nichts sehnlicher als einen jesusähnlichen Charakter und ein jesusähnliches Leben. Als eine Prüfung nach der anderen kam, von denen manche vielleicht hätten vermieden werden können, wählte er bewußt den Weg der Selbstverleugnung und den Kreuzesweg, nicht mit dem Hintergedanken, dabei besonders verdienstvoll zu sein, sondern einfach vom Heiligen Geist Gottes getrieben. Bei dieser Einstellung konnte der Segen ungehindert fließen.

»Siehe, ich habe vor dir gegeben eine offene Tür, und niemand kann sie zuschließen; denn du hast eine kleine Kraft und hast mein Wort behalten und hast meinen Namen nicht verleugnet.«

»Denn mir ist eine große Tür aufgetan, die viel Frucht wirkt, und sind viele Widersacher da.«

Es gab tatsächlich viele Widersacher, die Hudson Taylors Fortschritten in dieser Zeit entgegenwirkten. Er begann einen der fruchtbarsten Abschnitte seines Lebens, der reich an Segnungen für ihn selbst und andere war. Ist es da ein Wunder, daß der Versucher ebenfalls zur Hand war? Er war allein und hungrig nach Liebe und Mitgefühl. Er führte ein Leben der Selbstverleugnung, das keinem jungen Mann leichtfällt. Diese Gelegenheit nutzte der Teufel aus, und für eine Weile wurde ihm gestattet, Schlimmes anzurichten, doch selbst das wurde vom Guten überwunden.

In diesem kritischen Augenblick, als er erst einige Wochen in Drainside gewohnt hatte, traf ihn der gefürchtete Schlag. Er verlor diejenige, der er in inniger Liebe zugetan war, für immer.

Zwei Jahre lang hatte er gehofft und gewartet. Die Ungewißheit der Zukunft machten seine Sehnsucht nach ihrer Gegenwart und nach ihrer Kameradschaft noch stärker. Doch jetzt war der Traum aus. Als sie merkte, daß nichts ihren Freund von seinem Wunsch, Missionar zu werden, abbringen konnte, machte es die junge Musiklehrerin mit ihrem hübschen Gesicht und ihrer netten Stimme ihm klar, daß sie nicht gewillt war, mit nach China zu gehen. Ihr Vater wollte nichts davon wissen, und sie selbst fühlte sich für solch ein Leben nicht geeignet. Das konnte nur eins bedeuten, obgleich ihm dabei fast das Herz brach.

»Ist es das wirklich wert?« drang der Versucher in ihn. »Warum solltest du schließlich nach China gehen? Warum schuften und dein ganzes Leben lang für ein Ideal leiden? Gib es doch jetzt auf, jetzt, wo du sie noch gewinnen kannst. Verdiene auf vernünftige Art und Weise deinen Lebensunterhalt wie jeder andere auch und diene dem Herrn doch daheim. Noch kannst du sie zurückgewinnen.«

Er rang mit seiner Liebe. Einen Augenblick schwankte er. Wie eine Flut riß ihn der Widersacher fast mit, denn der junge Mann war vom Schmerz wie gelähmt. Und anstatt sich an den Herrn zu wenden und von ihm Trost zu erbitten, behielt er seinen Schmerz für sich und grübelte darüber nach. Doch er war nicht verlassen.

»Allein im Operationszimmer«, schrieb er am darauffolgenden Tag, »zerbrach ich völlig. Ich wurde ganz weich und demütig und hatte eine wunderbare Offenbarung der Liebe Gottes. ›Ein geängstet und zerschlagen Herz‹ verachtete er nicht, sondern er erhörte mein Schreien nach ihm tatsächlich und wahrhaftig.

Ja, er hatte mich gedemütigt und mir gezeigt, was ich bin, doch sich gleichzeitig auch als eine Hilfe in den großen Nöten, die uns getroffen haben, erwiesen. Und obgleich er mich in meinem großen Kummer meines Gefühls nicht beraubt, befähigt er mich doch zu singen: ›Aber ich will mich freuen des Herrn und fröhlich sein in Gott, meinem Heil.‹

Jetzt bin ich glücklich in meines Heilandes Liebe. Ich kann ihm für alles danken, selbst für die schmerzlichsten Erfahrungen der Vergangenheit, und ihm furchtlos für das vertrauen, was noch kommen wird.«

# Kapitel 4
# Weitere Glaubensschritte

. . . die Gottes unveränderter Liebe trauen,
und auf den Felsen, den nichts verrücken kann, bauen.
Neumark

»Ich habe nie ein Opfer gebracht«, sagte Hudson Taylor in späteren Jahren, wenn er sein Leben rückblickend betrachtete, obwohl dieses Element in seinem Leben sicher nicht gefehlt hatte. Doch was er sagte, stimmte schon, denn die Entschädigung war immer so bedeutend und von Dauer, daß er einzusehen begann, daß Aufgeben immer und unausbleiblich Empfangen bedeutet, wenn man in einem so innigen Verhältnis mit Gott steht. Und genauso war es in diesem Winter in Drainside. Nicht nur äußerlich, sondern auch innerlich hatte er den Willen Gottes angenommen und aufgegeben, was ihm das Höchste und Beste schien, nämlich die Liebe, die Teil seines ganzen Lebens geworden war, damit er ungehindert Christus folgen konnte. Das Opfer war groß, doch die Belohnung weit größer.

»Den ganzen Tag und jeden Tag war eine unaussprechliche Freude in mir«, sagt er uns. »Gott, *mein* Gott war eine lebendige, herrliche Realität, und mir blieb nichts weiter übrig, als ihm frohen Herzens zu dienen.«

In seinen Briefen war ein neuer Ton erkennbar, der jetzt weniger sein Innerstes behandelte, sondern immer mehr von seinem Ziel sprach, Missionar zu werden. China stand in all seinem Denken wieder im Vordergrund, und seine Seele war über den geistlichen Zustand derer, die ohne Christus lebten, tief bekümmert.

»Laß dich nicht beunruhigen, liebe Mutter«, schrieb er zu dieser Zeit. »Missionsarbeit ist tatsächlich die edelste, der sich ein Sterblicher widmen kann. Wir sollten sicherlich unseren natürlichen Bindungen nicht unempfindlich gegenüber sein, doch sollten wir uns nicht wirklich freuen, wenn wir etwas für unseren Herrn und Heiland aufgeben können? . . .

Bete auch weiterhin für mich. Obgleich es mir sonst gut geht und ich glücklich und zufrieden bin, fühle ich doch, daß ich deine Gebete brauche . . . Ach, Mutter, ich kann dir nicht beschreiben, wie sehr ich mich danach sehne, Missionar zu werden; die gute Nachricht den armen, verlorenen Sündern zu bringen; mich selbst für ihn aufzugeben und von ihm gebraucht zu werden, der für mich starb! . . . Denk doch, Mutter, an die zwölf Millionen – eine Zahl, die man fast nicht erfassen kann – ja, zwölf Millionen Seelen gehen jedes Jahr in China ohne Gott und ohne Hoffnung in die Ewigkeit . . . ach, laß uns voller Mitgefühl an diese Menschenmenge denken! Gott ist uns gnädig gewesen; laß uns wie er sein  . . .

Ich muß schließen. Würdest Du nicht alles aufgeben für Jesus, der für Dich starb? Ja, Mutter, ich weiß, Du würdest es tun. Gott sei mit Dir und tröste Dich. Muß ich nicht gehen, sobald ich das Geld zusammengespart habe? Ich meine, ich könnte nicht leben, wenn nicht etwas für China getan wird.«

Doch so sehr ihn auch danach verlangte, sofort zu gehen, gab es Überlegungen, die ihn zurückhielten. Das kleine Zimmerchen in Drainside wurde Zeuge manchen Konfliktes und manchen Sieges, den sonst nur Gott kannte.

»Es war mir eine ernste Sache«, schrieb er in jenem Winter, »nach China gehen zu wollen und dort, fern von aller menschlichen Hilfe, mich allein auf den lebendigen Gott um Schutz, Versorgung und Hilfe jeglicher Art zu verlassen. Ich meinte, daß meine geistlichen Muskeln für solch ein Unternehmen noch weiter gestählt sein müßten. Es gab für mich keinen Zweifel daran, daß Gott nicht versagen würde, wenn mein Glaube nicht versagte. Doch was wäre, wenn mein Glaube sich als unzureichend erwies? Ich hatte bis zu diesem Zeitpunkt noch nicht gelernt, daß selbst ›wenn wir nicht glauben, so bleibt er treu; er kann sich selbst nicht verleugnen‹. Folglich war es mir eine sehr ernste Angelegenheit, nicht ob er treu sein würde, sondern ob mein Glaube groß genug sein würde, mich zur Ausreise zu solch einem Unternehmen zu berechtigen.«

»Wenn ich nach China komme«, dachte ich, »kann ich mich auf niemand verlassen. Ich kann mich einzig und allein auf Gott verlassen. Wie wichtig war es also für mich, noch bevor ich England verließ, zu lernen, Menschen durch Gott im Gebet allein zu bewegen.«

Und dafür war er bereit, den Preis zu zahlen, wie hoch er auch sein mochte. Vielleicht fehlte ihm für das eine oder andere die Urteilskraft, vielleicht ging er ins Extreme, doch wie wunderbar verstand Gott ihn und begegnete ihm! »Den Menschen durch Gott im Gebet allein zu bewegen« – das war ein großes Ziel, das in jenem einsamen Winter in Drainside zur herrlichen Wirklichkeit wurde.

»In Hull«, so fuhr er fort, »verlangte mein freundlicher Arbeitgeber, daran erinnert zu werden, wenn mein Gehalt fällig wurde. Ich beschloß, dies nicht direkt zu tun, sondern darum zu beten, daß Gott ihn daran erinnern möchte, um mich durch das erhörte Gebet zu ermutigen.

Einmal, als der Zahltag meines vierteljährlich ausgezahlten Gehaltes näher rückte, betete ich wieder sehr darüber. Der Tag kam, doch Dr. Hardy machte keine Andeutungen zu der Angelegenheit. Ich betete weiter. Tage vergingen, doch er erinnerte sich nicht, bis ich schließlich eines Samstagabends meine wöchentliche Bilanz zog und feststellte, daß ich nur noch eine Münze besaß – ein halbes Kronenstück (zu der damaligen Zeit ungefähr einen Dollar wert). Doch bis jetzt hatte ich keine Not gelitten, und so betete ich weiter.

Jener Sonntag war sehr schön. Wie üblich war mein Herz voll und strömte über. Nachdem ich morgens einen Gottesdienst besucht hatte, verbrachte ich den Nachmittag und Abend damit, in den Arbeiterhäuschen zu evangelisieren, wie ich das gewöhnlich in den Armenvierteln der Stadt tat. Dabei erschien es mir immer, als ob der Himmel schon hier unten beginnt und man sich nur nach einer größeren Aufnahmefähigkeit für die Freude sehnen mußte und nicht nach einer größeren Freude, denn die, die ich besaß.

Als ich an jenem Abend so ungefähr um 22 Uhr meinen letzten Dienst getan hatte, bat mich ein armer Mann, mit ihm zu gehen und für seine Frau zu beten, die im Sterben lag. Ich stimmte sofort zu und fragte ihn auf dem Wege, warum er nicht nach dem Priester geschickt hatte, da ich seinem Akzent entnahm, daß er Ire war. Das hätte er getan, meinte er, doch der Priester hatte sich geweigert, zu kommen, wenn ihm nicht achtzehn Pence (etwa 1,50 Mark) bezahlt würden. Diese besaß der Mann jedoch nicht, da seine Familie Hunger litt. Sofort kam mir in den Sinn, daß mein einziges Geld, das ich besaß, das halbe Kronenstück war, und es bestand nur aus einer einzigen Münze. Außerdem hatte ich wohl noch meine Schüssel Wasserbrei zum Abendessen daheim, und es war auch noch genug im Hause zum Frühstück, doch zum Mittagessen am folgenden Tag hatte ich nichts mehr.

Aber irgendwie war da sofort so etwas wie ein Bremsklotz in dem Freudenstrom in meinem Herzen. Und anstatt mich selbst zu tadeln, begann ich, den armen Mann zurechtzuweisen, indem ich ihm sagte, daß es verkehrt gewesen sei, die Dinge soweit kommen zu lassen, und daß er sich an die Fürsorge hätte wenden sollen. Darauf war seine Antwort, daß er das getan hätte, doch man hätte ihm bedeutet, er solle am nächsten Morgen um elf Uhr wiederkommen. Jedoch befürchte er, daß seine Frau die Nacht nicht überleben werde.

›Ach‹, dachte ich, ›wenn ich doch nur zwei Schillinge und sechs Pence statt dieser halben Krone bei mir hätte, wie gerne würde ich diesen armen Menschen einen Schilling geben.‹ Mich jedoch von der halben Krone zu trennen, kam mir nicht in den Sinn. Nicht im entferntesten dachte ich daran, daß der springende Punkt eigentlich war, daß ich Gott wohl vertrauen konnte mit noch einem Schilling und sechs Pence, daß ich jedoch nicht bereit war, ihm ohne einen Pfennig in der Tasche zu vertrauen.

Der Mann führte mich in einen Hof, in den ich ihm nur mit beträchtlicher Nervosität folgte. Ich hatte mich dort nämlich schon einmal befunden und war bei meinem letzten Besuch unfreundlich behandelt worden . . . Es ging eine elende Treppe hinauf in einen armseligen Raum, und welcher Anblick bot sich mir dort! Vier oder fünf Kinder standen herum, und ihre eingesunkenen Wangen und Schläfen sprachen deutlich vom Hungerleiden. Auf einer armseligen Pritsche lag eine arme, erschöpfte Mutter mit einem winzigen Baby von 36 Stunden an ihrer Seite, das nur wimmerte, anstatt zu schreien.

›Ach‹, dachte ich wieder, ›hätte ich doch nur zwei Schillinge und sechs Pence statt der halben Krone. Wie gerne würde ich ihnen sechs Pence davon geben.‹ Doch immer noch hielt mich ein unseliger Unglaube davon ab, meinem Impuls zu folgen und ihre Not zu lindern mit all dem, was ich besaß.

Es wird kaum befremdend klingen, wenn ich sage, daß ich unfähig war, viel zu sagen, was diese armen Menschen hätte trösten können. Ich brauchte ja selber Trost. Doch begann ich immerhin, ihnen zu sagen, daß sie nicht niedergeschlagen sein sollten, und daß es trotz ihrer verzweifelten Lage einen freundlichen und liebevollen Vater im Himmel gab. Etwas in mir rief jedoch: ›Du Heuchler! Du redest zu diesen unbekehrten Menschen von einem freundlichen und liebevollen Vater im Himmel und bist nicht bereit, diesem himmlischen Vater ohne eine halbe Krone zu vertrauen.‹

Ich erstickte beinahe. Wie gern hätte ich mit meinem Gewissen einen Kompromiß abgeschlossen, hätte ich doch nur einen Florin und sechs Pence gehabt! Ich hätte mit dankbarem Herzen den Florin weggegeben und den Rest behalten. Doch noch immer war ich nicht bereit, Gott allein, auch ohne die sechs Pence, zu vertrauen.

Unter diesen Umständen war reden unmöglich, doch seltsamerweise meinte ich, es würde mir nichts ausmachen, zu beten. Das Gebet war für mich eine wunderbare Beschäftigung in jenen Tagen. Die Zeit, die ich so verbrachte, erschien mir nie langweilig zu sein, und ich kannte keinen Mangel an Worten. Ich schien tatsächlich anzunehmen, daß ich nur hinzuknien brauchte und zu beten, und daß dann ihnen und mir Erleichterung werden würde.

›Sie baten mich zu kommen, um mit ihrer Frau zu beten‹, sagte ich zu dem Mann. ›Wir wollen beten.‹ Und ich kniete nieder.

Kaum hatte ich meinen Mund geöffnet mit ›Unser Vater, der du bist im Himmel‹, da sagte mein Gewissen: ›Wagst du es, Gott zu spotten? Wagst du, niederzuknien und ihn Vater zu nennen mit der halben Krone in deiner Tasche?‹

Ich befand mich in solch einer Konfliktsituation, wie ich sie noch nie erlebt hatte. Wie ich dieses Gebet durchstand, weiß ich nicht, auch nicht, ob die Worte zusammenhängend oder unzusammenhängend waren. Doch erhob ich mich in großer Verzweiflung von meinen Knien.

Der arme Vater wandte sich mir zu und sagte: ›Herr, Sie sehen, wie es uns geht. Wenn Sie uns helfen können, dann tun Sie es um Gottes willen!‹

In dem Augenblick kam mir das Wort in den Sinn: ›Gib dem, der dich bittet.‹ Und in den Worten eines Königs ist Kraft.

Ich steckte meine Hand in die Tasche, zog langsam das halbe Kronenstück heraus und gab es dem Mann. Dabei sagte ich ihm, daß es so aussehen möge, als sei es mir eine Kleinigkeit, zu helfen, weil es mir anscheinend ziemlich gut gehe, daß ich ihm aber mit dieser Münze alles gab, was ich besaß; doch dann sagte ich ihnen auch, daß das, was ich ihnen gesagt hatte, wirklich stimmte. Gott war wirklich ein Vater, und man konnte ihm vertrauen. Und wie strömte die Freude dann in mein Herz zurück! Ich konnte jetzt alles sagen und spürte, daß das Hindernis des Segens gewichen war – gewichen, hoffentlich für immer.

Nicht nur das Leben der armen Frau wurde gerettet, sondern, wie ich richtig erkannte, meins ebenso. Es wäre wahrscheinlich zum Wrack geworden, jedenfalls als Christenleben, hätte die Gnade mich nicht überwunden und hätte ich dem Drängen des Geistes Gottes nicht nachgegeben.

Ich erinnere mich noch gut daran, daß an dem Abend, als ich zu meinem Quartier ging, mein Herz genauso leicht war wie meine Tasche. Die dunklen, verlassenen Gassen hallten wider von einer Lobeshymne, derer ich mich nicht enthalten konnte. Als ich meine Schüssel Brei aß, bevor ich zu Bett ging, hätte ich sie nicht für ein königliches Mahl hergegeben. Als ich dann vor meinem Bett niederkniete, erinnerte ich den Herrn an sein eigenes Wort: ›Wer sich des Armen erbarmt, der leihet dem Herrn‹ und bat ihn, meine Leihgabe nicht lange anzunehmen, sonst würde ich am nächsten Tag kein Mittagessen haben. Und innerlich und äußerlich voller Frieden verbrachte ich eine glückliche, ruhige Nacht.

Am nächsten Morgen blieb mir noch ein Teller Hafersuppe zum Frühstück, doch noch bevor ich ihn leergegessen hatte, erklang das Klopfen des Postboten an der Tür. Es war etwas Ungewöhnliches für mich, am Montagmorgen Briefe zu empfangen, da meine Eltern und die meisten meiner Freunde keine Post am Samstag aufgaben. So war ich einigermaßen überrascht, als meine Wirtin hereinkam und in ihrer nassen, mit ihrer Schürze verdeckten Hand einen Brief oder besser ein Päckchen hielt. Ich schaute mir den Brief an, doch erkannte ich die Handschrift nicht. Entweder war sie mir wirklich fremd oder fingiert, und der Poststempel war unleserlich. Woher er also kam, konnte ich nicht sagen. Als ich das Kuvert öffnete, fand ich nichts Geschriebenes darin, sondern in einem Stück Papier waren nur ein Paar Kinderhandschuhe eingewickelt, aus denen mir zu meiner großen Überraschung ein halber Sovereign (eine Münze) entgegenfiel.

›Preist den Herrn‹, rief ich aus. ›Vierhundert Prozent für eine zwölfstündige Geldanlage! Wie froh wären die Kaufleute Hulls, wenn sie ihr Geld zu solch einem Prozentsatz ausleihen könnten!‹ Da und dort beschloß ich, meinen Verdienst oder meine Ersparnisse in dieser Bank anzulegen, in die niemand einbrechen konnte, ein Entschluß, den ich bis jetzt noch nie bereut habe.

Ich kann euch nicht sagen, wie oft ich an diesen Vorfall zurückgedacht habe und an die Hilfe, die mir daraus in schwierigen Situationen erwachsen ist. Wenn wir Gott in kleinen Dingen treu sind, machen wir Erfahrungen und gewinnen Kraft, die uns in den ernsteren Prüfungen unseres Lebens von großer Hilfe sind.«

Doch war dies weder das Ende der Geschichte, noch war es die einzige Gebetserhörung, die zu dieser Zeit Hudson Taylors Glauben stärken sollte.

»Diese bemerkenswerte und gnädige Gebetserhörung war mir eine große Freude sowie eine große Glaubensstärkung. Aber natürlich reichen zehn Schillinge, wie sparsam auch immer ausgegeben, nicht allzu weit, und so war es weiterhin notwendig, im Gebet fortzufahren. Ich bat darum, daß man sich an die größere Summe, die man mir noch schuldete, erinnern möge. All meine Bitten jedoch schienen unerhört zu bleiben, und nach Ablauf von vierzehn Tagen befand ich mich ziemlich in der gleichen Lage wie an jenem Sonntagabend, der mir so gut im Gedächtnis geblieben war. In der Zwischenzeit flehte ich weiterhin zu Gott, daß er Dr. Hardy daran erinnern möchte, daß mein Gehalt fällig war.

Natürlich war es nicht nur meine Geldnot, die mich bekümmerte. Ich hätte ja jederzeit danach fragen können. Die Frage, die mich am meisten bewegte, war: ›Kann ich nach China gehen, oder wird mein Mangel an Glauben und Kraft vor Gott sich als solch ein Hindernis erweisen, daß es mich von diesem so ersehnten Dienst zurückhält?‹

Als die Woche zu Ende ging, wurde ich immer hilfloser. Denn jetzt ging es nicht nur um mich selbst. Am Samstagabend schuldete ich meiner gläubigen Wirtin die Miete. Und ich wußte, daß sie nicht gut darauf warten konnte. Sollte ich nicht um ihretwillen die Angelegenheit mit dem Gehalt erwähnen? Doch wenn ich das tun würde, war das zumindest für mich das Eingeständnis, daß ich nicht geeignet war, ein Missionsunternehmen zu führen. Fast den ganzen Donnerstag und Freitag benutzte ich jeden Augenblick, den ich nicht bei meiner Arbeit war, um mit Gott ernsthaft im Gebet zu ringen. Noch am Samstagmorgen befand ich mich in der gleichen unveränderten Situation. Jetzt flehte ich ernstlich um Führung, ob ich noch auf des Vaters Zeit warten sollte. Soweit ich das beurteilen konnte, erhielt ich die Zusicherung, daß es das beste sei, auf seine Zeit zu warten, und daß Gott auf irgendeine Weise eingreifen würde. So wartete ich mit ruhigem Herzen. Die Last war hinweggetan.

Ungefähr um fünf Uhr an jenem Samstagnachmittag, als Dr. Hardy seine Rezepte fertiggeschrieben hatte und seine letzten Pflichten erledigt waren, lehnte er sich in seinem Armsessel zurück, als ob er müde sei, und begann von den Dingen Gottes zu reden. Er war ein echter Christ, und wir hatten manche Zeit segensreicher Gemeinschaft miteinander. Ich achtete gerade sehr genau auf einen Topf, in dem eine Lösung kochte, was einen großen Teil meiner Aufmerksamkeit in Anspruch nahm. Das kam mir sehr willkommen, denn ohne irgendwelche Verbindung zu dem, was er zuvor gesagt hatte, meinte er plötzlich: ›Ach, übrigens, Taylor, ist nicht Ihr Gehalt wieder fällig?‹

Meine Gefühlsbewegung kann man sich wohl vorstellen. Ich mußte zwei- oder dreimal schlucken, bevor ich antworten konnte. Meine Augen auf den Topf gerichtet und mit dem Rücken zum Doktor stehend sagte ich so ruhig wie möglich, daß es schon einige Zeit überfällig sei. Wie dankbar war ich in diesem Augenblick! Gott hatte also wirklich mein Gebet erhört und ihn an meine große Not wegen des Gehalts erinnert, ohne daß ich auch nur ein Wort erwähnt hatte.

›Ach, es tut mir so leid, daß Sie mich nicht erinnert haben‹, erwiderte er. ›Sie wissen doch, wie beschäftigt ich bin. Ich wünschte, ich hätte ein bißchen eher daran gedacht, denn erst heute nachmittag habe ich alles Geld, das ich besitze, zur Bank geschickt. Sonst hätte ich es Ihnen sofort ausbezahlt.‹

Es ist unmöglich, das gegensätzliche Gefühl zu beschreiben, das von dieser Verlautbarung ausgelöst wurde. Ich wußte nicht, was ich tun sollte. Glücklicherweise kochte die Lösung im Topf auf, und so hatte ich einen guten Grund, aus dem Zimmer zu laufen. Ich war nur zu dankbar, unsichtbar zu bleiben, bis Dr. Hardy in sein Haus zurückgegangen war und daß er meine Gefühlsbewegung nicht bemerkt hatte.

Sobald er gegangen war, mußte ich erst mein kleines Gebetskämmerlein aufsuchen und mein Herz vor meinem Herrn ausschütten, bevor die völlige innere Ruhe und auch Dankbarkeit und Freude wieder zurückströmten. Ich fühlte, daß Gott seinen Weg gehen und mich nicht verlassen würde. Ich hatte früh am Morgen versucht, seinen Willen zu erkennen, und soweit ich es beurteilen konnte, war ich so geführt worden, geduldig zu warten. Jetzt würde Gott auf irgendeine andere Weise für mich handeln.

Jenen Samstagabend verbrachte ich wie üblich mit dem Lesen von Gottes Wort und der Vorbereitung des Themas, über das ich am folgenden Tag in den verschiedenen Arbeiterhäuschen sprechen wollte. Ich verweilte vielleicht ein wenig länger als gewöhnlich. Schließlich, ungefähr um zehn Uhr, nahm ich meinen Mantel und wollte nach Hause gehen. Ziemlich dankbar dachte ich daran, daß ich mir um diese Zeit wohl mit einem Nachschlüssel Einlaß verschaffen müßte, da meine Wirtin ziemlich zeitig zu Bett ging. An jenem Abend gab es bestimmt keine Hilfe mehr. Doch vielleicht würde Gott vor Montag eingreifen, und so könnte ich meiner Wirtin gleich am Anfang der Woche bezahlen, was ich ihr andernfalls vorher gegeben hätte.

Ich drehte gerade das Gas herunter, als ich die Schritte des Arztes im Garten hörte, der zwischen seinem Wohnhaus und der Praxis lag. Er lachte herzlich in sich hinein, als ob ihn etwas ziemlich amüsierte. Als er die Praxis betrat, bat er um das Rechnungsbuch und sagte mir, daß komischerweise einer seiner reichsten Patienten gerade vorbeigekommen sei, um seine Arztrechnung zu bezahlen. Wie eigenartig war das doch! Es kam mir gar nicht in den Sinn, daß dies etwas mit mir zu tun haben könnte, sonst wäre ich wohl sehr verlegen gewesen. So betrachtete ich die ganze Sache nur aus der Sicht eines unbeteiligten Beobachters und war ebenfalls höchst amüsiert, daß ein Mann, der im Reichtum schwamm, nach zehn Uhr abends vorbeikommen sollte, um eine Rechnung zu bezahlen, die er jeden Tag mit der größten Leichtigkeit mit einem Scheck hätte begleichen können. Es schien so, als ob er irgendwie nicht zur Ruhe kommen konnte mit dieser Angelegenheit auf seinem Herzen und daß er irgendwie gedrungen worden war, zu dieser ungewöhnlichen Zeit zu kommen und seine Schulden zu bezahlen.

Der Betrag wurde im Rechnungsbuch gebührend quittiert, und Dr. Hardy wollte gerade wieder gehen, als er sich plötzlich umwandte und mir einige von den Banknoten, die er gerade erhalten hatte, übergab und zu meiner Überraschung und Dankbarkeit sagte:

›Übrigens, Taylor, nehmen Sie einstweilen diese Banknoten. Ich habe kein Kleingeld. Nächste Woche gebe ich Ihnen dann den Rest.‹

Wieder blieb ich zurück. Und wiederum blieben meine wahren Gefühle unentdeckt. Ich ging zurück in mein Kämmerlein und lobte den Herrn mit überfließendem Herzen dafür, daß ich schließlich doch noch nach China gehen konnte.«

# Kapitel 5
# Glaubensproben und Glaubensstärkungen

Es ist genug, daß Gott, mein Vater, alles weiß,
nichts kann diesen Glauben trüben;
das Beste er denen gern verheißt,
die ihn von ganzem Herzen lieben.

»Schließlich konnte ich doch noch nach China gehen!« – Doch viele
Prüfungen standen noch bevor. Das Leben, das so außerordentlich
fruchtbar werden sollte, mußte auf ungewöhnliche Art in Gott verwurzelt und gegründet sein.

Auf Hull folgte London, und dort trat Hudson Taylor als Medizinstudent in eines der größten Hospitäler ein. Er vertraute immer
noch allein dem Herrn, ihn zu versorgen, obgleich sein Vater und
die Gesellschaft, die ihn schließlich nach China aussandte, anboten,
bei seinen Ausgaben zu helfen. Er meinte jedoch, daß er die Gelegenheit nicht versäumen sollte, Gottes Verheißungen auch weiterhin unter Beweis zu stellen. Als er das großzügige Anerbieten seines
Vaters ablehnte, nahm man zu Hause an, daß die Gesellschaft für
ihn aufkäme. Sie hatte tatsächlich seine Unkosten im Londoner
Krankenhaus übernommen, und ein Onkel in Soho gewährte ihm
einige Wochen lang ein Obdach, doch darüber hinaus gab es außer
der Treue Gottes nichts, was ihm in dieser großen Stadt das Nötigste verschafft hätte. Bevor er Hull verließ, hatte er an seine Mutter
geschrieben:

»Ich stelle tatsächlich die Wahrheit des Wortes unter Beweis: ›Du
erhältst stets Frieden nach gewisser Zusage; denn man verläßt sich
auf dich.‹ Ich bin so ruhig, nein, mehr als ruhig, als wenn ich hundert Pfund in meiner Tasche hätte. Möge er mich immer dabei halten, daß ich mich einfach für jegliche zeitliche und geistliche Segnung völlig auf ihn verlasse.«

Und an seine Schwester Amelia: »Keine Situation in London hat
sich so ergeben, daß sie mir paßt, doch bekümmert mich das nicht,

denn er ›ist der gleiche, gestern, heute und für immer‹. Seine Liebe ist unfehlbar, sein Wort ist unveränderlich, seine Kraft bleibt immer; deshalb bleibt das Herz, das ihm vertraut, in völligem Frieden . . . Ich weiß, er prüft mich nur, um meinen Glauben zu stärken, und das geschieht in der Liebe. Nun, wenn er nur verherrlicht wird, bin ich es zufrieden.«

Für die allernächste sowie für die weitere Zukunft vertraute Hudson Taylor völlig. Sollte er hierin versagen, wäre es besser, diese Entdeckung in London zu machen als weit weg in China. Bewußt und freiwillig schnitt er sich selbst von allen ihm bewußten Quellen irgendwelcher Versorgung und Unterstützung ab. Er brauchte Gott, einzig und allein den lebendigen Gott – und einen größeren Glauben, um seine Treue zu erfassen, sowie mehr Erfahrung im möglichen Umgang mit Gott in jeder Situation. Bequemlichkeiten oder Unbequemlichkeiten in London, finanzielle Mittel oder ein Mangel daran schienen ihm eine Kleinigkeit verglichen mit dem tieferen Wissen um den, von dem alles abhängt. Jetzt, da sich eine weitere Gelegenheit ergab, dieses Wissen auch auf die Probe zu stellen, zögerte er nicht, obwohl er wußte, daß keine kleine Prüfung damit verbunden sein könnte.

Das Ergebnis bewies, daß der junge Medizinstudent in dieser Entscheidung tatsächlich von Gott geführt wurde. Mancherlei und unmißverständlich waren die Gebetserhörungen in London, die seinen Glauben stärkten und ihn damit auf die unvorhergesehenen Entwicklungen vorbereiteten, die seine Ausreise nach China in den nächsten zwölf Monaten beschleunigten. In seinem eigenen kurzen Bericht »Rückblick« berichtet Taylor von diesen Erfahrungen.

Es genügt hier zu sagen, daß Einsamkeit und Entbehrungen sowie Geduldsproben – als er nämlich monatelang von nichts weiter als dunklem Brot und Äpfeln lebte und täglich mehr als zehn Kilometer hin und zurück zum Krankenhaus ging – und dazu noch die ganze Ungewißheit über die Verbindung zu der einzigen Gesellschaft, die bereit war, ihn ohne Universitätsausbildung nach China auszusenden, daß all diese Dinge weitgehend dazu beitrugen, ihn zu einem Mann des Glaubens zu machen, der er selbst in seinen jungen Jahren schon war.

Denn Hudson Taylor war erst 21 Jahre alt, als sich der Weg unerwartet öffnete und er von der Chinesischen Evangelisationsgesellschaft gebeten wurde, sobald ein Schiff gefunden werden konnte, nach Shanghai zu segeln. Die Taiping-Rebellion hatte den Höhepunkt ihres siegreichen Vormarsches erreicht. Christliche Streitkräfte (christlich leider nur dem Namen nach) waren über die mittleren und nördlichen Provinzen vorgedrungen, hatten Nanking fest in ihrer Hand und als ihre Hauptstadt erklärt, und selbst Peking war fast in ihrer Reichweite. »Schickt mir Lehrer, viele Lehrer, die die Wahrheit verkünden«, schrieb ihr Anführer an einen amerikanischen Missionar, dem er vertraute*. »Wenn mein Unternehmen dann erfolgreich abgeschlossen ist, will ich die Lehre im ganzen Kaiserreich verbreiten, damit alle sich wieder dem einen Herrn zuwenden und den einen wahren Gott anbeten. Das ist der ernstliche Wunsch meines Herzens.«

Mit einem Wort, es schien, als ob China sich damit weit den Botschaftern des Evangeliums öffnete. Überall waren gläubige Herzen tief bewegt. Es mußte etwas getan werden, und zwar sofort, um einer großen Krise zu begegnen, und eine Weile floß Geld in die Schatzkammern. Neben anderen zu fördernden Projekten unternahm die Britische und Ausländische Bibelgesellschaft zur Feier ihres Jubiläums den Versuch, eine Million Exemplare chinesischer Neuer Testamente drucken zu lassen. Und die Gesellschaft, mit der Hudson Taylor im Briefwechsel stand, entschloß sich, zwei Männer nach Shanghai ausreisen zu lassen, um im Innern Chinas zu arbeiten. Einer von ihnen, ein schottischer Arzt, konnte nicht sofort ausreisen, doch man rechnete damit, daß der junge Mann bereit sein würde, sofort zu gehen, obgleich das bedeuten würde, daß er seinen akademischen Grad opfern müßte, für den er in Medizin und Chirurgie arbeitete.

Es war ein wohlzuüberlegender Schritt, und Hudson Taylor,

* Dies war Rev. F. J. Roberts von der American Baptist Missionary Union. Hung Siu-ts'uen, der Begründer und Anführer der Taiping-Bewegung, erfuhr die Wahrheit zuerst von einem Traktat, das ihm während einer Literaturprüfung von Liang A-fah, einem von Morrisons Bekehrten, gegeben wurde. Später kehrte er nach Kanton zurück, um mehr über die neue Lehre zu erfahren, und verbrachte zwei oder drei Monate damit, unter der Leitung von Mr. Roberts die Schrift zu studieren. Obgleich er nicht lange genug dablieb, um getauft und in die Gemeinde aufgenommen zu werden, hatte er scheinbar genug vom Geist und der Lehre des Christentums gelernt, um sich bei seiner Rückkehr nach Kwangsi zum Missionar bei seinen eigenen Landsleuten zu machen. Von dieser Provinz begann er seinen eifrigen Propagandafeldzug. Erst als seine Nachfolger von den chinesischen Regierungsstellen verfolgt wurden, griffen sie zu den Waffen, und somit nahm die Bewegung revolutionären Charakter an.

wandte sich natürlich an seine Eltern, um sie um Rat und Gebet zu bitten. Nach einem ausführlichen Gespräch mit einem der Sekretäre der Chinesischen Evangelisationsgesellschaft schrieb er an seine Mutter:

»Mr. Bird hat fast alle meine Bedenken zerstreut, und ich meine, seinem Vorschlag zustimmen zu müssen und will mich sofort dem Komitee stellen. Ich werde jedoch Deine Antwort abwarten und mich auf Deine Gebete verlassen. Wenn man mir anrät, sofort auszureisen, würdest Du wollen, daß ich noch vor meiner Abreise nach Hause komme? Ich sehne mich danach, noch einmal bei Dir zu sein, und ich weiß, Du würdest mich natürlich auch gerne sehen wollen. Doch meine ich fast, der Abschied würde uns leichter fallen, wenn wir uns nicht mehr sehen, als uns noch einmal zu begegnen, um Abschied für immer zu nehmen. Nein, nicht für immer!

Ich kann nicht mehr schreiben, doch hoffe ich, sobald wie möglich von Dir zu hören. Bete viel für mich. Es ist leicht, davon zu reden, alles für Christus zu verlassen, doch wenn es darauf ankommt, das zu beweisen, – dann können wir es nur in die Tat umsetzen, wenn wir vollkommen in ihm sind.

Gott sei mit Dir und segne Dich, meine liebe Mutter. Möge er Dir die Erkenntnis der Herrlichkeit Jesu geben, daß Du Dir nichts sehnlicher wünschst, als ›ihn zu erkennen‹ . . . auch ›in der Gemeinschaft seiner Leiden‹.«

Und an seine Schwester:

»Bete für mich, liebe Amelia, daß der, der verheißen hat, sich aller unserer Not anzunehmen, mit mir sein möge in dieser schmerzlichen und doch langersehnten Stunde.

Wenn wir uns anschauen – die Geringfügigkeit unserer Liebe, die Unfruchtbarkeit unseres Dienstes und die kleinen Fortschritte, die wir in Richtung auf Vollkommenheit machen –, wie herzerquikkend ist es dann, uns ihm zuzuwenden, uns erneut ›in den freien, offenen Born wider die Sünde und Unreinigkeit‹ zu werfen, uns daran zu erinnern, daß wir ›angenehm gemacht sind in dem Geliebten‹ . . . ›welcher uns gemacht ist von Gott zur Weisheit und zur Gerechtigkeit und zur Heiligung und zur Erlösung.‹ Ach, die Fülle Christi, die wunderbare Fülle Christi!«

China gab 1854, als Hudson Taylor es nach einer gefährlichen Reise von fünf Monaten endlich erreichte, einem Evangelisten viele Probleme auf. Shanghai und noch vier weitere Vertragshäfen waren die einzigen Orte, wo es Fremden und Ausländern gestattet war zu wohnen, und es gab keinen protestantischen Missionar irgendwo im Innern des Landes. Der Bürgerkrieg tobte, und die Taiping-Propaganda hatte ihren ursprünglichen Charakter verloren. Schon begann sie in eine korrupte politische Bewegung auszuarten, die das Land während der elf ihr noch verbleibenden Jahre in unsägliches Blutvergießen und Leid stürzte. Anstatt Nanking zu erreichen, um im Landesinnern zu evangelisieren, hatte Hudson Taylor die größten Schwierigkeiten, selbst in Shanghai Fuß zu fassen, und nur mit großem Risiko konnten Reisen unternommen werden.

Jahre später, als er selbst für viele Missionare verantwortlich war, war es leicht, einzusehen, daß die Prüfungen jener ersten Tage alle vonnöten gewesen waren. Er war in China ein Wegbereiter für Hunderte, die ihm noch folgen sollten, obwohl weder er selbst noch jemand anders sich das vorstellen konnte. Jede Last mußte er tragen lernen, jede Prüfung mußte ihm so zur Realität werden, wie sie eben nur die Erfahrung machen kann. So wie Eisen zu Stahl erhärtet wird, so mußte auch sein Herz abgehärtet werden und stärker sein als das jedes anderen, dadurch, daß er mehr liebte und litt. Er, der Tausende in einem Leben kindlichen Glaubens bestärken sollte, mußte selbst noch tiefere Erfahrungen mit des Vaters liebevoller Fürsorge machen. So wurde es manchen Schwierigkeiten gestattet, sich über ihm zusammenzubrauen, besonders am Anfang, als Erlebnisse noch einen tiefen und bleibenden Eindruck auf ihn ausübten, Schwierigkeiten, die von manchen Befreiungen gefolgt wurden und sie somit zu lebenslänglichen Segnungen machten.

Um es gleich zu sagen, Shanghai befand sich im Kriegszustand. Eine Bande von Rebellen, als »Rote Turbane« bekannt, hatten von dem chinesischen Stadtteil Besitz ergriffen, das an die Ausländerkolonie angrenzte, und vierzig- bis fünfzigtausend Nationalgardisten waren ringsherum in Stellung gegangen. Es wurde fast ständig gekämpft, und die Ausländermiliz wurde oft aufgefordert, die Ausländerkolonie zu bewachen. Lebensmittel und anderes waren nur zu Wucherpreisen erhältlich, und sowohl die Stadt als auch die Kolonie waren übervölkert, daß man eine Unterkunft fast zu keinem Preis bekommen konnte. Hätte Dr. Lockhart von der Londoner Mission ihn nicht für eine Weile aufnehmen können, so wäre der Neuankömmling in einer schwierigen Lage gewesen. Selbst dort konnte man, wenn man aus dem Fenster schaute, sehen, wie überall heftig gekämpft wurde. Auch war es ihm unmöglich, in irgendeine Richtung zu gehen, ohne Zeuge solchen Leides und Elends zu werden, das er sich bisher nicht hätte träumen lassen.

Außerdem war es bitterkalt, als Hudson Taylor in Shanghai ankam, und da man Kohlen nur zu 50 Dollar pro Tonne kaufen konnte, blieb einem nichts anderes übrig, als zu frieren. An Luxus war er ja nicht gewöhnt und war nur dankbar für ein Obdach, doch litt er nicht wenig unter der durchdringenden Kälte und Feuchtigkeit.

»Meine Lage ist sehr schwierig«, schrieb er bald nach seiner Ankunft. »Dr. Lockhart hat mich für eine Weile aufgenommen, da es Häuser weder für Geld noch gute Worte gibt . . . Niemand kann in der Stadt wohnen . . . Sie kämpfen selbst jetzt, wo ich schreibe, und das Haus erbebt vom Kanonendonner.

Es ist so kalt, daß ich kaum nachdenken oder meinen Federhalter halten kann. Ihr werdet meinem Brief an Mr. Pearse (zusammen mit Mr. Bird Sekretär der Chinesischen Evangelisationsgesellschaft) entnehmen, wie verzagt ich bin. Vor vier Monaten werde ich keine Antwort erhalten, und die große Freundlichkeit, mit der mich die Missionare mit weitoffenen Armen aufgenommen haben, läßt mich fürchten, ihnen zur Last zu fallen. Jesus wird mich recht führen . . . Ich liebe die Chinesen mehr als je. Könnte ich doch nur unter ihnen gebraucht werden!«

Von seinem ersten Sonntag in China schrieb er: »Ich wohnte zwei Gottesdiensten in der Londoner Mission bei, und am Nachmittag ging ich mit Mr. Wylie in die Stadt. Habt Ihr noch nie eine Stadt im Belagerungszustand gesehen, dann gebe Gott, daß Ihr das nie müßt! Wir gingen ein Stück an der Mauer entlang, und die Reihen zerstörter Häuser waren ein trauriger Anblick. Niedergebrannt, niedergeschossen, ineinandergefallen und völlige Ruinen! Es ist schrecklich, an das Elend all derer zu denken, die sie einstmals bewohnten und jetzt, zu dieser unwirtlichen Jahreszeit, aus ihren Häusern getrieben worden sind und kein Obdach haben . . .

Als wir zum Nordtor kamen, wurde außerhalb der Stadt erbittert gekämpft. Ein Mann wurde tot hereingetragen, einer mit zerschossener Brust, und ein dritter, dessen Arm ich untersuchte, schien in einer fürchterlichen Qual. Eine Kugel war durch seinen Arm geschlagen und hatte den Knochen gebrochen . . . Ein wenig weiter begegneten wir einigen Männern, mit einer Kanone, die sie erbeutet hatten. Ihnen folgten andere, die fünf elende Gefangene an ihren Zöpfen hinter sich herzogen. Die armen Burschen schrien erbärmlich und flehten uns an, sie zu retten, doch ach, wir konnten nichts tun! Wahrscheinlich würde man sie sofort köpfen. Das Blut stockt einem in den Adern, wenn man an solche Dinge denkt.«

Die Leiden derjenigen um ihn herum und die Tatsache, daß er ihnen so wenig helfen konnte, hätten ihn überwältigt, wenn derjenige, der am meisten leidet, ihn nicht gestärkt hätte.

»Was es bedeutet, so weit von zu Hause entfernt zu sein, im Zentrum des Krieges«, fuhr er fort, »und die Leute nicht zu verstehen oder von ihnen verstanden zu werden, geht mir erst jetzt richtig auf. Ihr furchtbares Unglück und Elend und meine Unfähigkeit, ihnen zu helfen oder sie auf Jesus hinzuweisen, bedrückte mich stark. Satan brach herein wie eine Flut, doch einer erhob sich wider ihn. Jesus *ist* da, und obwohl er der Mehrheit unbekannt ist und viele sich nicht um ihn kümmern, die ihn erkennen könnten, ist er dennoch den Seinen nah und unschätzbar.«

Persönliche Prüfungen blieben auch nicht aus. Zum erstenmal in seinem Leben befand Hudson Taylor sich in einer Lage, in der er kaum seinen finanziellen Verpflichtungen nachkommen konnte. Er war zu Hause willig, mit fast gar nichts ausgekommen und hatte sich immer nach seinen Mitteln gerichtet, doch jetzt konnte er Ausgaben, die über sein Einkommen hinausgingen, nicht vermeiden. Da er mit anderen zusammenlebte, die drei- oder viermal soviel Gehalt bekamen wie er, war er verpflichtet, sich so zu beköstigen wie sie, und so sah er seine kleinen Ersparnisse mit alarmierender Schnelligkeit dahinschmelzen. Zu Hause hatte er für die Auslandsmission gesammelt. So wußte er, was es bedeutete, die hart verdienten Mittel der Armen zu erhalten. Missionsgelder waren ein heiliges, ihm anvertrautes Gut. Es verursachte ihm großen Kummer, sie so frei ausgeben zu müssen. Dann erhielt er auf die Briefe, die er an die Gesellschaft schrieb, nur unbefriedigende Antworten. Nachdem er Monate auf Anweisungen gewartet hatte, konnte es sein, daß er überhaupt nichts auf seine dringlichen Fragen hörte. Das Komitee befand sich weit entfernt in London und war kaum fähig, seine Lage einzuschätzen. Es bestand überwiegend aus sehr beschäftigten Männern, die in ihren eigenen Angelegenheiten aufgingen, wenn sie auch die besten Absichten hatten, das Werk Gottes zu fördern. Doch waren sie unfähig, sich in eine Lage zu versetzen, die so ganz anders war als alles ihnen Bekannte. Hudson Taylor tat sein Bestes, um ihnen die Situation klarzumachen, doch Monat für Monat verstrich, und er blieb in Ungewißheit und finanziellen Sorgen.

Der Shanghai-Dollar, der vormals ungefähr 50 Goldcents wert gewesen war, war jetzt zweimal soviel wert und stieg noch weiter, doch hatte er keine Kaufkraft. Da Hudson Taylor sich gezwungen sah, sein Gehalt für die Lebenshaltungskosten zu überziehen, benutzte er einen Kreditbrief, der für Notfälle vorgesehen war. Dabei konnte man ihm keine Zusicherung geben, daß seine Rechnungen auch eingelöst und bezahlt werden würden. Es war eine schmerzliche Lage für einen, der in Geldangelegenheit so gewissenhaft war.

Dann kamen mit der Hitze des Sommers weitere Probleme. Nicht von seinem eigenen Komitee, sondern hinten herum erfuhr Hudson Taylor, daß der schottische Arzt, der sein Mitarbeiter sein sollte, bereits mit Frau und Kindern aus England abgereist war. Keine Anweisungen hatten ihn erreicht, daß er für die Familie Quartier besorgen sollte. Als die Wochen verstrichen, erkannte er, daß sie kein Dach über dem Kopf haben würden, wenn er nicht in der Angelegenheit Schritte unternahm. Ohne Genehmigung für solch eine Ausgabe mußte er für fünf Leute Zimmer finden und mieten. Das erwies sich als unvorstellbares Problem. Da er nicht wagte, sich eine Sänfte zu mieten – die angemessene Transportmöglichkeit –, verausgabte er sich in der fürchterlichen Augusthitze auf der Suche in der ganzen Stadt und Kolonie nach Häusern, die es einfach nicht gab. Seine Shanghaier Freunde versicherten ihm, daß das einzig Vernünftige sei, Land zu kaufen und sofort zu bauen. Wie konnte er ihnen die wahre Situation erklären und seinen völligen Mangel an Mitteln? Kritik über die Organisation in der Gesellschaft, der er angehörte, lief schon zu freizügig in der Gemeinde herum; so mußte er soweit wie möglich versuchen, seinen Kummer bei sich zu behalten und seine Last auf den Herrn zu werfen.

»Jemand, der sich wirklich auf den liebevollen Herrn lehnt«, schrieb er unter diesen Umständen, »findet es immer möglich, zu sagen: ›Ich fürchte kein Unglück, denn du bist bei mir.‹ Doch bin ich so versucht wie Petrus, meine Augen von dem zu wenden, dem man vertrauen kann, und auf die Winde und Wellen zu blicken . . . Ach hätte ich doch nur mehr Beständigkeit! Das Lesen seines Wortes und Meditieren darüber ist mir in der letzten Zeit überaus köstlich gewesen. Zuerst maß ich der schnellen Erlernung der Sprache ungebührliche Bedeutung bei. Das hatte eine lähmende Wirkung auf meine Seele. Doch jetzt hat der Herr in seiner Gnade, die alles übersteigt, sein Angesicht wieder über mir leuchten lassen.«

Und an seine Schwester fügte er hinzu: »Ich habe mir meinen Kopf über ein Haus oder dergleichen zerbrochen, doch ohne Erfolg. So habe ich es zu einem Gebetsanliegen gemacht und es ganz in die Hände Gottes gelegt. Jetzt habe ich auch darüber Frieden. Er wird schon etwas schenken und mich darin leiten, auch bei jedem weiteren verworrenen Schritt.«

Es muß fast zu schön gewesen sein, um wahr zu werden, daß Hudson Taylor nur zwei Tage, nachdem das oben Gesagte geschrieben wurde, von einer Liegenschaft hörte, die zu vermieten war. Bevor der Monat um war, fand er sich im Besitz eines Hauses, das groß genug war, um seinen zu erwartenden Kollegen aufzunehmen. Fünf Zimmer oben und sieben unten schienen durchaus eine angemessene und geräumige Behausung. Obwohl es nur ein armseliges chinesisches Holzhaus war, das sich in schlechtem Zustand befand, stand es doch direkt unter dem Volk nahe beim Nordtor der Stadt. Hier richtete er sich sechs Monate nach seiner Ankunft in China ein. Obwohl die Situation so gefährlich war, daß sein Lehrer es nicht wagte, mit ihm zu ziehen, war es ihm möglich, einen gebildeten Christen aus Shanghai zu finden, der ihm beim Erlernen und Dolmetschen des Ortsdialektes helfen konnte.

Es war ihm eine unsägliche Freude, allein unter den Chinesen in seiner eigenen Behausung zu leben, mit der Hilfe seines neuen Lehrers täglich zwei Versammlungen abzuhalten und noch einen großen Teil medizinischer Arbeit zu tun. Doch die Örtlichkeit schien gefährlicher, als er erwartet hatte. Das Haus befand sich außerhalb des Schutzes der Kolonie und innerhalb der Reichweite der kaiserlichen Artillerie, die das Nordtor ständig beschoß. So war es nicht schwer herauszufinden, warum das Haus verlassen dagestanden hatte. Fast drei Monate lang hielt der junge Missionar es dort aus in der Hoffnung, daß irgendwann eine Besserung eintreten würde. Doch dann wurde die Lage hoffnungslos. Sein Leben stand wiederholt in Gefahr. Er mußte Tag für Tag Zeuge von Szenen entsetzlicher Grausamkeit werden. Schließlich wurde das Haus nebenan angesteckt, mit der Absicht, den Fremden auszutreiben. Es blieb ihm keine andere Wahl, als zur Londoner Mission zurückzukehren, und dort fand sich, gerade als die Parkers ankamen, ein Obdach.

Ein kleines Haus auf dem Grundstück der Londoner Missionsgesellschaft, dicht beim Hause von Dr. Lockhart, war das Heim von Hudson Taylors liebsten Freunden in China gewesen. Oft hatte er an ihrem Kamin gesessen und am Leben des jungen englischen Missionars und seiner Frau teilgenommen *. Als mit der Ankunft des ersten Kindes die Mutter starb, nahm der Vater sein mutterloses Kleines und gab es in die Obhut von anderen Mitarbeitern. In seinem Kummer für seinen Freund hatte Hudson Taylor die Bedeutung des leeren Hauses, das so viele Erinnerungen enthielt, für seine eigene Situation nicht gleich erkannt. Doch bevor er noch seine gefährliche Behausung bei dem Nordtor aufgeben mußte, stand das Heim der Burdons leer und war zu vermieten. Jeden Tag war die Ankunft der Parkers zu erwarten. Obwohl Hudson Taylor schließlich nur noch drei Dollars in der Tasche hatte, mietete er das Haus genau richtig, um seinen Kollegen willkommen zu heißen, inklusive eines Babys, das auf See zur Welt gekommen war.

Um einer bestehenden Notsituation abzuhelfen, war er froh, die Hälfte des Hauses einer anderen Missionarsfamilie vermieten zu können, doch das ließ den Parkers und ihm nur noch drei Zimmer. Nur gelang es ihm nicht, das Haus ausreichend einzurichten. Seine wenigen Habseligkeiten waren eine armselige Ausrüstung für sechs Menschen. Doch das war erst der Anfang aller Kümmernisse. Dr. Parker hatte nach der langen Seereise auch nur einige Dollar zur Verfügung und hatte sich auf einen Kreditbrief der Gesellschaft verlassen, der aber aus irgendeinem Grund nicht auffindbar war. Er sollte vor der Abreise der Parkers abgeschickt worden sein, aber Monat für Monat verging, und man hörte kein Wort von ihm noch wurde sein Verschwinden in irgendeiner Weise erwähnt. Da man

---

* Es handelte sich um Reverend J. S. Burdon von der Church Missionary Society, der später Bischof von Hongkong wurde und fast fünfzig Jahre ein treuer und gesegneter Missionar in China war.

der Familie nicht gesagt hatte, daß strenge Winter zu erwarten seien, fehlten ihnen Winterkleidung und Betten. Wie sie überhaupt diese schweren Monate durchlebte, ist schwer einzusehen. Man kann sich die Bemerkungen der ausländischen Gemeinde (Kolonie) wohl vorstellen.

Still hielten Dr. und Mrs. Parker aus und wurden auch nicht durch die verlockenden Möglichkeiten, die einem Mediziner in Shanghai offenstanden, von ihrer Missionsarbeit abgebracht. Er ging regelmäßig mit seinem jungen Kollegen in die Stadt und in die umliegenden Ortschaften, um zu evangelisieren, und zu Hause in ihren beengten Räumlichkeiten gaben sie sich emsig dem Studium hin. Doch all das brannte Hudson Taylor tief ins Herz, daß man, menschlich gesprochen, die einem Anvertrauten nicht so behandeln sollte. Die meisten Mitglieder des Komitees in London waren liebe, persönliche Freunde der Missionare. Die Gemeinschaft in geistlichen Dingen mit ihnen in Tottenham und anderswo konnte man kaum vergessen. Selbst als er ihre Fehler am meisten zu spüren bekam, sehnte sich Hudson Taylor nach der Atmosphäre des Gebets in ihrer Nähe und ihrer Liebe nach dem Worte Gottes. Doch irgendwie lag etwas im Argen. Was das war, verblieb dem jungen Missionar noch herauszufinden, damit er in Zukunft bei seinen Leitungsaufgaben praktisch sowohl als auch geistlich tüchtig sein konnte. So sank das Eisen, wie damals bei Joseph, tief in seine Seele; doch von dieser Erduldung sollte ihm eine Stärkung werden, die ihn ausrüstete für noch manche weiteren Schwierigkeiten.

»Du fragst, wie ich über meinen Kummer hinwegkomme«, schrieb er an seine Schwester und Vertraute. »Einfach so . . . ich lege sie dem Herrn hin. Nachdem ich das obige geschrieben hatte, las ich meine Abendkapitel – Psalm 72 und 74. Lies sie nach und sieh selbst, wie gut sie anwendbar sind. Ich weiß nicht warum, doch kann ich jetzt selten Schriftworte lesen ohne Tränen der Freude und der Dankbarkeit . . .

Ich sehe nun, daß die Lage, in der ich mich seit meiner Ankunft bis jetzt befunden habe, mir mehr als jede andere in meinem früheren Leben zur Besserung und zum Fortschritt dient, obwohl sie in vieler Hinsicht schmerzlich gewesen ist und weit von dem entfernt, was ich mir selbst erwählt hätte. Ach, hätte ich doch mehr und unbedingtes Vertrauen zur Weisheit und Liebe Gottes!«

# Kapitel 6
# Freundschaft und noch einiges mehr

In den Berichten seiner ersten zwei Jahre in China ist nichts so erstaunlich wie die Art und Weise, mit der Hudson Taylor sich völlig der Evangelisation hingab, sozusagen als Bahnbrecher. Man hätte vermuten können, daß er kaum Zeit gehabt hätte, häufige Reisen zu unternehmen in das Gebiet, das man damals »das Innere« nannte, weil er mit dem Sprachstudium beschäftigt, sich mitten in einer Kriegssituation befand und auch von anderen Schwierigkeiten fast übermocht wurde. Doch in jene Jahr fallen nicht weniger als zehn evangelistische Reisen, von denen alle mehr oder weniger von Mut und Ausdauer zeugten.

Nördlich, südlich und westlich von Shanghai erstreckte sich ein bevölkertes Gebiet, das über endlose Wasserwege zugänglich war. Dschunken waren reichlich vorhanden, gaben nachts ein gewisses Obdach und tagsüber ein Transportmittel, so daß die Reisenden nicht von chinesischen Gasthäusern abhängig waren. Einfachste Kochgelegenheiten versorgten den Bootsmann und seine Familie sowie die »Gäste« mit Nahrung, die man mit eigenem Proviant noch ergänzen konnte. Die Betten bestanden nur aus hölzernen Brettern, und die winzigen Fenster befanden sich oft mit dem Fußboden auf einer Ebene, doch man konnte sich niederlegen oder sich auf sein Bettzeug setzen, wenn es nicht möglich war, aufrecht zu stehen. Unbequemlichkeiten gab es viele, doch Menschen wurden in Städten, Ortschaften und Dörfern erreicht. Diese lagen immer in Sichtweite, wenn man langsam vorbeifuhr.

Das zog Hudson Taylor so hinaus, wie es auch bei seinem Herrn und Meister vor langer Zeit gewesen war. Das gleiche »Muß« war in seinem Herzen:

»Ich muß wirken die Werke des, der mich gesandt hat!« »Ich muß das Reich Gottes auch in den andern Städten verkündigen!« »Und ich habe noch andere Schafe . . . und dieselben muß ich herführen!« Es war nicht genug, nur an die Hecken und Zäune Shanghais zu gehen. Bis zu einem gewissen Grad wurde das schon von anderen getan. Ein tiefes Verantwortungsgefühl für jene, die darüber hinaus wohnten, lag ihm wie eine Last auf dem Herzen. Für jene, die niemals vom Weg des Heils gehört hatten, die nie hören würden, wenn ihnen nicht die Wahrheit von Botschaftern gebracht wurde, die ganz von Christus erfüllt waren. So hielt ihn nichts zurück, weder die Kälte des Winters noch die Hitze des Sommers, noch die Gefahren des Krieges, die das Leben von Europäern jeder Zeit bedrohen konnten oder ihnen womöglich den Rückweg nach Shanghai abschnitten.

Kaum war eine Reise beendet, so bereitete er sich schon wieder auf die nächste vor. Nach einer Zeit, die hauptsächlich dem Sprachstudium gewidmet war, hatte er sich mit der Sprache soweit vertraut gemacht, daß er sich sowohl in Mandarin als auch im örtlichen Dialekt verständigen konnte. Die Missionsreisen, die nun folgten, waren so angespannt, daß diese zehn Reisen innerhalb von fünfzehn Monaten abgeschlossen waren. Bevor Dr. Parker ankam, hatte er viele Ausflüge zu Orten, die bis zu fünfzehn und zwanzig Kilometer Entfernung von Shanghai entfernt lagen, unternommen. In den ersten drei Monaten ihres gemeinsamen Dienstes verteilten sie achtzehnhundert Neue Testamente und Teile aus der Heiligen Schrift und über zweitausend erklärende Bücher und Traktate. Diese wurden mit der äußersten Sorgfalt nur jenen gegeben, die lesen konnten. Da die Mehrzahl weder lesen noch schreiben konnte, bedeutete das, daß sie ein gutes Stück Arbeit geleistet hatten. Die Botschaft der Bücher hatten sie ständig wechselnden Menschenmengen erklärt. Dann unternahm Hudson Taylor, beginnend im Winter, vier Reisen von Januar bis März trotz der frostigen Kälte, denen weitere im April, Mai, Juni, August und September folgten. Da er sich den ganzen Tag über unter Menschenmengen bewegte und nachts die Boote geschlossen werden mußten, weil es Flußdiebe gab, gab es kaum Linderung von der entsetzlichen Hitze. Doch nichts hielt den jungen Evangelisten ab.

Die Gefahren dieser Reisen waren beträchtlich. Wenn er ohne einen Gefährten reiste, legte sich die Einsamkeit sehr auf ihn. Weit von anderen Ausländern entfernt, bewegte er sich unter nicht allzu freundlich gesinnten Menschenmengen und betrieb still sein Werk, wobei ihm sein medizinisches Werkzeug von großem Wert war und ihm den Weg zu den Herzen der Menschen öffnete. Inzwischen begann er mehr und mehr zu verstehen, was es wohl bedeuten mußte, »ohne Christus« zu leben und zu sterben. Damit vergrößerte sich sein Blickfeld. Von tempelgeschmückten Hügeln und von hohen alten Pagoden pflegte er hinunterzublicken auf Städte, Ortschaften und Dörfer, wo die Häuser von Millionen von Menschen in Sicht waren – wo Männer, Frauen und Kinder wohnten, die niemals den einen einzigen Namen gehört hatten, »worin wir sollen selig werden«. Große und tiefe Gedanken bewegten sein Herz, »Gedanken, die bis zum Ende währen«*.

Währenddessen erreichte der Bürgerkrieg seinen entsetzlichen Höhepunkt, und Shanghai fiel den Regierungstruppen in die Hände. Hudson Taylor reiste in dieser Zeit mit älteren Missionaren zum Soochow See. Sie waren noch nicht lange unterwegs, da sahen sie von einem Hügel aus den Rauch einer gewaltigen Feuersbrunst aufsteigen. Solch ein großes Feuer in der Richtung konnte nur eins bedeuten: Shanghai stand in Flammen! Und was wurde aus ihren Familien in der Kolonie? Sofort machten sie sich wieder auf den Heimweg. Ihre Furcht bestätigte sich durch fliehende Rebellen, die überall Schutz suchten. Diese wurden gefangengenommen und vor ihren Augen geköpft. Mit zunehmender Besorgnis eilten sie weiter und fanden überall schreckliche Beweise für die Katastrophe, die stattgefunden hatte. Doch die Kolonie stand, wie sie sie verlassen hatten. Die Imperialisten waren, nachdem sie ihren Blutdurst gestillt hatten, zu berauscht von ihrem Sieg, um Ausländern viel Beachtung zu schenken.

»Shanghai hat endlich Frieden«, schrieb Hudson Taylor, »doch es ist wie der Friede des Todes. Wenigstens zweitausend Menschen

* Viele Jahre später auf einer anderen Reise, der letzten, die er den Jangtse-Fluß hinauf unternahm, ging er auf dem Deck eines Dampfers in Begleitung der Verfasser dieses Buches hin und her. Wieder und wieder hielt er dabei inne und schaute mit umflorten Augen zu den Hügeln am südlichen Ufer. Irgendwo in der Höhe von Green Grass Island sagte er schließlich: »Ich wünschte, ich könnte euch davon sagen. Es muß hier gewesen sein, doch kann ich mich nicht genau an die Stelle erinnern.« Wir sahen, daß ihn eine Erinnerung überwältigte, und warteten darauf, mehr zu hören. Doch fünfzig Jahre waren seit jenem Tag vergangen. Die Erinnerung daran erfüllte ihn mit solcher Freude und Ehrfurcht. Er konnte es nicht in Worte fassen. Er versuchte es, doch konnte er uns nicht mitteilen, was zwischen seiner Seele und Gott vorgegangen war. Doch dort, dort hinten auf jenen entfernten Hügeln muß es ihm gekommen sein – irgendeine Offenbarung über seine zukünftige Arbeit, der Ruf zur völligen Übergabe für das Leben, in das der Herr ihn hineinführte – und dessen Einfluß geblieben ist.

sind umgekommen, und die Folterungen, die einige Opfer erduldet haben, sind sicher nicht einmal von den schrecklichsten Untaten der Inquisition übertroffen werden. Die Stadt ist nur noch ein Ruinenhaufen. Viele der elenden Kreaturen, die überlebt haben, bieten einen erbarmungsvollen Anblick.«

Doch das Schlimmste war vorüber, und Hudson Taylor und seine Kollegen versuchten, sich um Leib und Seele der Menschen zu kümmern, während sie auf Antwort ihres Komitees, auf Vorschläge für eine geordnetere Arbeit, warteten. Sie sehnten sich danach, gebraucht zu werden, und so waren auch ihre Pläne gut durchdacht und durchbetet worden. Aber die Antwort, von der ihre Zukunft abzuhängen schien, ließ lange auf sich warten.

In der Zwischenzeit litten sie unter der Hitze des Sommers in ihren beengten Quartieren. Ein kurzer Besuch nach Ningpo schien eine willkommene Abwechslung. Die Missionare in der Stadt meinten, daß sie noch ein Krankenhaus brauchten, um ihre sonst wirksame und gute Arbeit zu unterstützen. Sie ließen eine herzliche Einladung an Dr. Parker ergehen, diese Arbeit zu übernehmen, für die sie ihre ganze Unterstützung zusagten. Zu diesem Zeitpunkt, als sie noch immer auf die Antwort ihres Komitees warteten, erhielten sie die Nachricht, daß das Haus, das sie mit einer anderen Familie zusammen bewohnten, bald für Mitglieder der Mission, der es gehörte, gebraucht werden würde. Ihre Untermieter zogen in ein eigenes Haus. Doch sie waren nicht in der Lage gewesen, irgendwo zu bauen, noch in der Kolonie oder in der chinesischen Stadt Zimmer zu mieten. Nur ein Weg schien Hudson Taylor offen, besonders als die langerwartete Antwort kam und ungünstig ausfiel. Das Komitee war nicht bereit, Geld zum Bauen in den Häfen auszugeben. Sie wollten, daß ihre Mitarbeiter ins Innere gingen, obgleich es unersichtlich war, wo sie wohnen und leben sollten, bis ein fester Ausgangspunkt geschaffen war. Unter diesen Umständen entschlossen Dr. und Mrs. Parker sich für Ningpo. Ihr Kollege blieb in der Ungewißheit zurück. Wie sollte er in Shanghai bleiben können, um seine Arbeit fortzuführen, nachdem seine Freunde ihn verlassen hatten und er kein Zuhause mehr besaß und keinerlei Obdach in dem chinesischen Stadtviertel finden konnte?

Eine Weile war er sehr bestürzt, doch schließlich erwuchs aus diesen Schwierigkeiten eine neue Gedankenlinie. Er hatte, ohne Erfolg, nach irgendeiner Behausung gesucht, die er als Stützpunkt mieten konnte. Das rasche Zunehmen der Bevölkerung machte das Unterbringungsproblem noch akuter. Wenn er an Land kein Haus bekommen konnte, warum sollte er dann nicht auf ein Boot ziehen und auf dem Wasser leben, wie viele Chinesen das tun? Das würde gut mit der Absicht zusammengehen, chinesische Kleidung zu tragen, um seine Arbeit besser ausführen zu können. Ja, es begann sich alles zu öffnen. Er würde seine wenigen Habseligkeiten nach Ningpo bringen, wenn er die Parkers dorthin begleitete, und zurückkehren, um sich dann ganz mit den Menschen zu identifizieren, denen sein Leben galt.

Doch der Schritt war nicht so einfach zu unternehmen, wie es schien. Wenn man chinesische Kleidung trug, mußte man auch seinen Vorderkopf scheren und sein Haar lang zum Zopf wachsen lassen. Kein Missionar noch ein anderer Ausländer hatte sich dieser Sitte unterworfen. Bei einer gelegentlichen Reise wurde manchmal ein chinesisches Gewand über der normalen Kleidung getragen, doch war es etwas ganz anderes, europäische Kleidung ganz aufzugeben, um sich hinfort chinesisch zu kleiden. Hudson Taylors nicht ganz eineinhalbjähriger Aufenthalt in China reichte aus, um ihn erkennen zu lassen, welch gesellschaftliche Ächtung das mit sich bringen würde. So kämpfte er eine Weile mit sich, obgleich er mehr und mehr davon überzeugt war, daß solch ein Schritt aus weiterer Sicht durchaus klug war.

Diese Aktion würde so den Zugang zu den Menschen, den er so wünschte, schaffen helfen. Eine allein unternommene Reise von 25 Tagen, die ihn ungefähr 220 Kilometer den Jangtse hinaufgeführt hatte, brachte ihm die Gewißheit, daß es möglich war, weit mehr auszurichten, als vom Reiseevangelisationsdienst eigentlich erwartet wurde. Von den achtundfünfzig Ortschaften und Städten, die er besuchte, waren einundfünfzig nie von einem Boten des Evangeliums berührt worden. Die Ermüdung und Belastung der Reise ergab sich hauptsächlich aus der Tatsache, daß er europäische Kleidung trug. Ein fremdartiger Anblick für solche, die so etwas noch nie zuvor gesehen hatten. Ständig wurden sie durch seine äußere Erscheinung von der Botschaft abgelenkt, denn seine Kleidung kam ihnen unwürdig und komisch vor. Und schließlich kam es mehr darauf an, vom chinesischen Standpunkt aus richtig angezogen zu sein, weil er die Chinesen gewinnen wollte, als auf die Zustimmung der sehr kleinen Ausländergemeinde in den Häfen zu warten. So faßte er schließlich nach viel Gebet und Weisungsuchen in Gottes Wort diesen Entschluß, und als die Parkers bereit waren, nach Ningpo zu gehen, war Hudson Taylors chinesisches Gewand ebenfalls bereit. Jetzt kam nur noch der kritische Augenblick, wenn er sich den umformenden Händen des Barbiers ausliefern würde.

Es war an einem Augustabend, als er zum Fluß hinunterging, um eine Dschunke zu mieten, die die Parkers auf ihren ersten Reiseabschnitt mitnehmen sollte. Auf dem Wege dorthin sprach ihn ein fremder Chinese an, der ihn zu seiner Überraschung fragte, ob er nicht ein Haus mieten wolle. Würde ihm ein kleines im chinesischen Stadtviertel zusagen? Denn an der Südpforte gabe es ein solches Haus, doch war es noch nicht ganz fertig. Dem Eigentümer war das Geld ausgegangen, und er wußte nicht, wie er das Haus fertigstellen sollte. Wenn das Haus in Frage käme, würde keine Anzahlung gefordert werden, nur eventuell eine Vorauszahlung von sechs Monaten Miete.

Wie im Traum folgte Hudson Taylor seinem Führer in den Südteil der Stadt und fand dort ein kleines, festes Haus, vollständig neu, mit zwei Zimmern oben und zwei unten. Ein fünftes befand sich über dem Hof für die Dienstboten. Es war genau das, was er brauchte, und befand sich auch in der Gegend, die er gewählt hätte. Was es ihm bedeutete, an jenem Abend die Miete zu zahlen und sich so das Haus zu sichern, kann man sich eher vorstellen als beschreiben. Demnach hatte er sich doch nicht geirrt! Seine Arbeit in Shanghai war noch nicht beendet. Das Gebet war erhört worden, und er hatte die Führung erhalten, auf die er gewartet und nach der er sich gesehnt hatte.

An jenem Abend unternahm er auch den Schritt, der solch einen großen Einfluß auf die Evangelisation des Inneren Chinas haben sollte! Als der Barbier sein Bestes getan hatte, färbte der junge Missionar sein ihm noch verbleibendes Haar, damit es mit dem schwarzen Zopf zusammenpaßte, der ihm zuerst statt seines eigenen Haares dienen mußte. Dann legte er am Morgen so gut er konnte die ungewohnten, lose fallenden Kleidungsstücke an und erschien zum erstenmal im Gewand und in den Satinschuhen eines Mannes, der Lehrer oder Gelehrter war.

Auf neue Weise öffneten sich ihm daraufhin die Türen. Während seiner Rückreise nach Shanghai wurde er nicht einmal als Ausländer erkannt. Erst dann, wenn er zu predigen begann, Bücher verteilte oder Patienten aufsuchte. Auch kamen Frauen und Kinder viel zutraulicher zu ihm heran, und die Menge war weit weniger unruhig und geräuschvoll. Obgleich er etwas Ansehen einbüßte, das Europäer sonst genießen, fand er, daß das völlig von der Freiheit aufgewogen wurde, mit der er sich mit seinem veränderten Aussehen unter den Menschen bewegen konnte. Ihre Häuser waren ihm offen wie nie zuvor, und es ergaben sich Möglichkeiten zum stillen Gespräch mit denjenigen, die interessiert schienen. Voller Dankbarkeit für diese und andere Vorteile schrieb er folgendes nach Hause: »Es ist offensichtlich die größte Hilfe für die Arbeit im Innern.«

Und mehr und mehr war seine Blickrichtung das »Innere«. Einige Wochen in seinem neuen Heim an der Südpforte brachten wunderbare Herzerquickung.

»Dr. Parker ist in Ningpo«, schrieb er im Oktober, »doch bin ich nicht allein. Ich fühle die Gegenwart Gottes wie nie zuvor und einen Zug zum Gebet und zur Wachsamkeit, was sehr segensreich und notwendig ist.«

Doch dann machte sich Hudson Taylor wieder zu den »Regionen dahinten« auf, obwohl ihm sein eigenes kleines Haus so angenehm war und sich um ihn herum vielseitige Möglichkeiten boten. Sein gläubiger Lehrer blieb zurück, um sich um interessierte Nachbarn zu kümmern. Auch die anderen Missionare taten eine gute, intensive Arbeit in dem großen Zentrum. Es schien keine fruchtbare Methode zu sein, so weit ins Feld hineinzugehen und das Wort Gottes auszustreuen – doch er folgte der Lehre und dem Beispiel des Herrn. Wenn keiner diesen Weg ging, wie sollten die da draußen überhaupt das Evangelium hören?

Freude und Schmerz mischten sich in den folgenden Tagen. Er hatte zwar Erfolg auf dieser Reise, doch das Ergebnis brachte ihn in Schwierigkeiten. Die große Insel Tsungming war sein Ziel. Sie hatte eine Bevölkerung von mehr als einer Million Menschen und war ohne einen einzigen protestantischen Missionar. In Begleitung von

Mr. Burdon hatte Hudson Taylor Tsungming im Jahr zuvor besucht, doch jetzt erwartete ihn ein ganz anderer Empfang. An seinem ersten Landeplatz wollten die Leute ihn einfach nicht wieder fortlassen. Da er gekleidet war wie sie, schien er kein Ausländer zu sein. Sein Medizinkasten zog sie nicht weniger an als seine Botschaft. Als sie davon erfuhren, daß er ein Zimmer im oberen Stockwerk brauchte, weil es unten zu feucht war, sagten sie: »Laßt ihn im Tempel wohnen, wenn man keinen Raum im oberen Stock findet.«

Doch da trat ein Hausvater vor, dessen Haus eine Art Boden hatte, und innerhalb von drei Tagen nach seiner Ankunft befand sich Hudson Taylor im Besitz seines ersten Heimes im »Innern Chinas«.

Das war herrlich! Ebenso die Reaktion auf seine Predigt. Nachbarn kamen jeden Tag zu den Versammlungen, und der Strom der Besucher und Patienten schien nicht aufzuhören. Sechs Wochen dieser segensreichen Arbeit hatten zur Folge, daß eine Gruppe von Menschen ernsthaft fragend wurde. Einer von ihnen war ein Schmied namens Chang und ein weiterer ein Geschäftsmann von hohem Ansehen, dessen »Herz der Herr auftat«. Andererseits entstand auch einige Opposition von seiten der medizinischen Gilde. Sein erster Bekehrter, Kwei-hwa, und noch ein weiterer gläubiger Helfer waren bei ihm, so daß die kleine Gruppe noch gut versorgt war, als Hudson Taylor nach Shanghai zurückkehren mußte, um Vorräte zu holen.

Und dann kam die Enttäuschung, die genauso schmerzlich wie unerwartet war. Es war ihm unbekannt geblieben, daß man in Tsungming gewisse Schritte unternommen hatte. Ein hoher Beamter hatte sich von einigen Ärzten und Drogisten überreden lassen, sie von der Gegenwart eines Menschen zu befreien, in dem sie ihren Rivalen sahen, obwohl der junge Missionar keine Bezahlung für seine medizinische Arbeit annahm.

Eine Vorladung zum britischen Konsulat erwartete ihn. Seine Bitte dort, ihn auf der Insel zu belassen, wo alles friedlich und freundlich schien, war vergeblich. Der Konsul erinnerte ihn daran, daß der britische Vertrag nur Häfen als Wohnorte vorsah, und daß er vielleicht eine Strafe von fünfhundert Dollars erhalten könnte, sollte er versuchen, irgendwo anders zu wohnen. Er müsse sein Haus aufgeben, seine Habseligkeiten nach Shanghai bringen und in Zukunft vorsichtig sein, um nicht das Gesetz zu übertreten. Und all das trotz der Tatsache, daß französische Priester auf Tsungming lebten, die von einem weiteren Vertrag geschützt wurden, der, wie Hudson Taylor wohl wußte, besagte, daß Straffreiheiten, die andere Nationen genossen, auch für Briten galten. Er hätte sich an eine höhere Stelle wenden können, doch in der Zwischenzeit mußte er die Entscheidung des Konsuls akzeptieren.

An jenem Abend schrieb er einen herzzerreißenden Brief nach Hause. Jene fragend gewordenen Menschen – Chang, Sung und die anderen – was sollte aus ihnen werden? Waren sie nicht seine Kinder im Glauben? Wie konnte er sie ohne Hilfe und mit wenigen Kenntnissen in den Dingen Gottes allein lassen? Doch der Herr hatte es zugelassen. Es war sein Werk. Er würde nicht versagen noch sie verlassen.

»Mein Herz wird sehr betrübt sein, wenn ich nicht mehr zu dir in die Versammlungen kommen kann«, sagte der Schmied am letzten Abend, als sie zusammen waren.

»Ihr werdet euch in deinem Haus zum Gottesdienst treffen«, erwiderte sein Freund. »Halte deinen Laden am Sonntag geschlossen, denn Gott ist hier, auch wenn ich nicht da bin. Versuche, jemand zu bekommen, der für dich lesen kann, und lade deine Nachbarn ein, das Evangelium zu hören.«

»Ich weiß aber nur so wenig«, wandte Sung ein, »und wenn ich lese, verstehe ich nicht alle Schriftzeichen. Mein Herz ist betrübt, weil du uns verlassen mußt, doch ich danke Gott, daß er dich an diesen Ort sandte. Meine Sünden, die einstmals so schwer wogen, hat Jesus hinweggenommen, und täglich gibt er mir Freude und Frieden.«

Bestürzt und enttäuscht konnte der junge Missionar nur auf Gott harren, wie er in Zukunft führen würde.

»Betet für mich, betet für mich!« schrieb er in dieser Zeit an seine Eltern. »Ich brauche mehr Gnade und lebe immer noch unter den mir von Gott zugestandenen Privilegien. Ach, wenn ich doch mehr wie der Herr Jesus fühlen würde, als er sagte: ›Ich lasse mein Leben für die Schafe.‹ Ich will nicht sein wie der Mietling, der da flieht, wenn der Wolf nahe ist, noch möchte ich leichtfertig in die Gefahr hineinlaufen, wenn vieles in Ruhe und Sicherheit getan werden kann. Ich möchte den Willen Gottes kennen und die Gnade haben, ihn auszuführen, auch wenn das dazu führt, daß ich des Landes verwiesen werde. ›Jetzt ist meine Seele betrübt. Und was soll ich sagen? . . . Vater, verkläre deinen Namen.‹ Betet für mich, daß ich nicht nur im Wort ein Nachfolger Christi bin, sondern auch in Tat und Wahrheit.«

Dem Bekümmerten völlig unbekannt gab es da noch jemand anders, der noch stärker und tiefer bekümmert war. Er war weit mehr erfahren in den Dingen Gottes und stand vor dem gleichen Problem. Dieser Mann trug eine ebenso große Last für die verlorengehenden Millionen Chinas. Auch er hatte die Möglichkeiten des Evangelisationsreisedienstes geprüft und erprobt. Dabei hatte er mutmachende Ansätze für solch eine Arbeit gefunden. Seine Bemühungen, Nanking zu erreichen, waren jedoch fehlgeschlagen, und so war er dazu gezwungen, auf Hausbooten zu leben und sich langsam wieder zur Küste durchzuschlagen. William Burns, der große Prediger und Evangelist, den Gott in ganz Schottland und Kanada während der großen Erweckung 1839 so bedeutend gebraucht hatte, näherte sich eben jetzt Shanghai. Und dort kreuzte sich sein Weg mit dem Hudson Taylors in der Stunde seiner Not. Es dauerte nicht lange, bis sie beide festellten, wie sie trotz ihres Altersunterschiedes gleicher Gesinnung waren. Wie Paulus und Timotheus, so zog es sie zusammen. So begann in jenen winterlichen Tagen eine Freundschaft, die dazu bestimmt war, nicht nur Hudson Taylors Missionarsleben zu formen, sondern auch den Charakter des weitreichenden Unternehmens, das sich unter seiner Führung entwickeln sollte.

Nicht ein Boot, sondern zwei fuhren jetzt gemeinsam über die weitverzweigten Wasserwege, die von Shanghai aus ins Innere führten. Jeder Missionar hatte einen chinesischen Missionar bei sich sowie einige andere Gehilfen. Die täglichen Andachten auf den Booten wurden zu richtigen Gottesdiensten. Burns hatte seine eigene Art in dieser Arbeit entwickelt, und sein Gefährte war nur allzu bereit, ihr zu entsprechen. Sie wählten sich ein wichtiges Zentrum und blieben dann zwei bis drei Wochen an einem Ort. Jeden Morgen in der Frühe machten sie sich mit einem bestimmten Plan auf den Weg. Manchmal gingen sie zusammen, manchmal besuchten sie einzeln die verschiedenen Gebiete. Burns hielt es für gut, still irgendwo in den Randgebieten einer Stadt zu beginnen, wo Fremde und Ausländer kaum je gesehen worden waren, und dann arbeiteten sie sich bis zu den übervölkerten Vierteln vor. So verbrachten sie erst einige Tage damit, in den Vororten zu predigen. Ganz allmählich gelangten sie auf die von Menschen wimmelnden Straßen und Märkte, bis sie sich überall bewegen konnten, ohne Gefahr zu laufen, die Ladenbesitzer in Wut zu bringen. Dann besuchten sie Tempel, Schulen und Teestuben, kehrten aber regelmäßig zu den besten Plätzen zum Predigen zurück. Bei jeder Versammlung kündigten sie an, wann sie wieder am Ort sein würden, und oft konnten sie zu ihrer Freude bekannte Gesichter entdecken. Interessierte Zuhörer wurden zum weiteren Gespräch auf die Boote eingeladen.

Mit der Zeit entging es William Burns nicht, daß Hudson Taylor, obwohl er der Jüngere und weniger Erfahrene war, aufmerksamere Zuhörer hatte und in Häuser hineingebeten wurde, während man ihm bedeutete, draußen zu warten. Die Unruhestifter in der Menge schienen sich immer um den Prediger in der ausländischen Kleidung zu scharen, während jene, die ungestört zuhören wollten, seinem weniger aufsehenerregenden Freund folgten. Dies brachte Burns zu einem Entschluß, von dem er in dem folgenden Brief berichtet:

26. Januar 1856

»Ich bin jetzt seit genau einundvierzig Tagen von Shanghai fort. Ein ausgezeichneter junger englischer Missionar, Hudson Taylor von der Chinesischen Evangelisationsgesellschaft, ist mein Gefährte geworden . . . und wir haben viel Gnade erfahren wie auch bei manchen Gelegenheiten viel Hilfe in unserer Arbeit.

Ich muß noch einmal sagen, was ich schon mehr als einmal berichtet habe, nämlich daß ich vor vier Wochen, am 29. Dezember, chinesische Kleidung anzog, die ich auch jetzt noch trage. Taylor hat diese Änderung schon vor Monaten vorgenommen. Ich habe gemerkt, daß er beim Predigen sehr viel weniger gestört wurde. Folglich entschloß ich mich, seinem Beispiel zu folgen . . .

Wir haben in diesem Gebiet ein großes, sehr großes Arbeitsfeld, obwohl es inzwischen schwierig ist, sich irgendwo festzusetzen. Die Leute hören voller Aufmerksamkeit zu, doch wir brauchen die Kraft von oben, um sie zu überzeugen und zu bekehren. Gibt es einen Gebetsgeist unter Gottes Volk in Kilsyth, um unsertwillen? Oder sucht man diesen Geist wenigstens? Wie groß ist die Not und wie groß die Einwände und Motive zum Gebet in diesem Fall! Die Ernte hier ist tatsächlich groß, der Arbeiter sind wenige. Sie sind unvollkommen ausgerüstet, ohne genug Gnade für solch ein Werk. Und doch kann Gnade einige wenige schwache Werkzeuge dazu bringen, große Dinge zu vollbringen – größere Dinge, als wir uns denken können.«

Das Gebet war die Atmosphäre, in der William Burns lebte, und das Wort Gottes war seine tägliche Nahrung.

»Er war mächtig in der Schrift«, schrieb sein Biograph, »und seine größte Vollmacht beim Predigen bestand in der Art und Weise, wie er ›das Schwert des Geistes‹ brauchte, um das Gewissen und die Herzen der Menschen zu treffen . . . Manchmal konnte man meinen, wenn man seine dringlichen Appelle hörte, daß ein lebender Prophet ein neues Kapitel der Bibel predigte . . . Sein ganzes Leben bestand aus Gebet. Sein ganzer Dienst war eine Serie von Kämpfen, die am Gnadenthron ausgefochten wurden . . . Beim Graben im Ackerfeld des Wortes warf er hin und wieder wahre Kleinode auf, die seither zum geistlichen Reichtum eines jeden beigetragen haben.«

Gebildet, heiter und voller Mutterwitz war er der ideale Gefährte. Geistliche Musik war seine große Freude. Eine wahre Fundgrube von Anekdoten machten seine Gesellschaft reizvoll und interessant. Und freimütig erzählte er von seinen Erfahrungen zum Nutzen anderer. Dieser Mann, die Freundschaft mit ihm, mit allem, was er war und hatte, war Gottes segensreiches Geschenk an Hudson Taylor in diesem kritischen Augenblick. Unter diesem Einfluß wuchs und nahm er zu. Geistliche Werte wurden ihm aufgeschlossen, die sich auf sein ganzes späteres Leben auswirkten. William Burns gab ihm mehr als irgendeine, wenn auch vorteilhafte, theoretische Ausbildung, denn er lebte ihm dort in China die Realität alles dessen vor, was er brauchte und wissen mußte.

Sieben lange, glückliche Monate arbeiteten sie gemeinsam, zuerst im Umkreis von Shanghai und dann in der großen Stadt Swatow und ihrer Umgebung. Der Ruf in diese südliche Hafenstadt war völlig unerwartet gekommen. Sie hatten das Vorrecht, die ersten Missionare in diesem schwierigen, doch fruchtbaren Erntefeld zu sein. Ohne ihre chinesische Kleidung wäre es unmöglich gewesen, direkt in dem Chinesenviertel zu leben, so wie sie es taten, und sich so viele ihrer ungestümen Nachbarn zu Freunden zu machen. Nach vier Monaten waren sie durch den Segen Gottes in der medizinischen Arbeit fähig, das ganze Haus zu mieten, in dem sie bis jetzt nur einen einzigen Raum gehabt hatten, und ihre ersten Schwierigkeiten schienen zu Ende.

Doch dann erklärte sich auf Mr. Burns Bitten hin sein junger Gefährte bereit, nach Shanghai zurückzukehren, um die medizinischen Ausrüstungsgegenstände und Medikamente zu holen, die man dort in Sicherheit gebracht hatte. Als ob der Schatten einer langen Trennung auf seinem Herzen läge, zögerte Hudson Taylor diesen Schritt hinaus. Mr. Burns allein in der schlimmsten Sommerhitze zurückzulassen, war ebenso schmerzlich wie die Gemeinschaft aufzugeben, die soviel in seinem Leben bedeutet hatte.

»Jene glücklichen Monate waren mir eine unbeschreibliche Freude und Trost«, erinnerte er sich lange danach. »Nie hatte ich solch einen geistlichen Vater wie Mr. Burns; nie habe ich solch einen gesegneten, beglückenden Umgang mit jemand gehabt. Seine Liebe zum Worte Gottes war erquickend, und sein geheiligtes, ehrfürchtiges Leben und seine ständige Gemeinschaft mit Gott ließen den Umgang mit ihm das tiefste Sehnen meines Herzens stillen.«

Doch die Medikamente und Instrumente wurden dringend gebraucht, denn Burns lag daran, eine Krankenhausarbeit zu entwickeln. Und so segelte Hudson Taylor nach Shanghai, nur um herauszufinden, daß seine gesamten medizinischen Vorräte durch ein Feuer zerstört worden waren. Bevor er sie ersetzen konnte, erreichte ihn die erschütternde Nachricht, daß sein geliebter und verehrter Freund von den chinesischen Behörden verhaftet und nach Kanton gebracht worden war, eine Reise von einunddreißig Tagen. Der Schock war um so größer und schmerzlicher, als es ihm verboten wurde, nach Swatow zurückzukehren, und der Weg, der so wunderbar vor ihnen offengelegen hatte, verlor sich in Ungewißheit.

Doch ohne diese große und unerwartete Prüfung wäre Hudson Taylor wohl nie in sein Lebenswerk hineingeführt worden, das auf ihn wartete; auch hätte er nie die Liebe erfahren, die über alle andere menschliche Liebe hinausgeht und die die Krönung seiner Freude und seines Segens werden sollte.

# Kapitel 7
## Gottes Wege – »vollkommen«

Über dem politischen Horizont hatten sich schon seit langem Sturmwolken zusammengezogen, und die gleiche Post, die die Nachricht von der Verhaftung Mr. Burns brachte, unterrichtete ihn auch vom Ausbruch der Feindseligkeiten zwischen England und China. In Ningpo hörte Hudson Taylor von dem Bombardement Kantons durch die britische Flotte und vom Ausbruch des Krieges, der erst vier Jahre später zu Ende gehen sollte. Sein erster Gedanke galt natürlich Mr. Burns. Welch ein Glück, daß er nicht mehr in Swatow und der Wut jener hitzköpfigen Menschen aus den südlichen Provinzen ausgesetzt war.

»Wie Du wohl wissen wirst«, schrieb er im November an seine Schwester, »bin ich durch verschiedene Umstände in Ningpo aufgehalten worden. Es hat sich auch ein plausibler Grund gefunden, durch den die Feindseligkeiten im Süden ausgebrochen sind. Die letzte Nachricht, die wir haben, meldet, daß Kanton zwei Tage lang bombardiert worden ist, daß am zweiten Tag ein Einbruch erfolgte und die Briten in die Stadt eingedrungen sind, daß der Vizekönig sich weigert, irgendeine Satisfaktion (Genugtuung) zu geben. Wir erwarten gespannt neue und ausführliche Berichte . . . Ich kann mir nichts Gutes in der gegenwärtigen Lage der Dinge vorstellen . . . und deswegen werde ich es unterlassen, meine Gedanken darüber niederzuschreiben. Doch muß ich wohl die Güte Gottes erwähnen, der William Burns zur rechten Zeit aus Swatow genommen hat. Denn wenn man auf die Gefühle der Kantonesen in Swatow schließen kann, von dem was man hier gegenwärtig sieht, dann würde jeder, der ihnen auf Gedeih und Verderben ausgeliefert ist, schwer in Mitleidenschaft gezogen werden.«

So wurde der Umstand, der zuerst ein solches Unglück schien, schon erkannt als »von den Dingen«, die zum Besten dienen, »denen, die Gott lieben«. Es war eine von vielen schweren Erfahrungen und Lektionen, durch die Hudson Taylor es lernte, Gott für den einen, größten Umstand im Leben zu halten. Und alle anderen unwichtigeren, äußeren Umstände betrachtete er notwendigerweise als die gütigsten, weisesten und besten, weil sie entweder von Gott zugelassen oder von ihm befohlen waren. Es dauerte nicht lange, da begann er einzusehen, daß sein Aufenthalt in Ningpo wiederum ein bemerkenswerter Beweis der Liebe und Fürsorge Gottes war. Denn hier kam er in Kontakt mit dem Menschen, der sein eigenes so wunderbar ergänzen sollte.

Im südlichen Stadtteil nahe der alten Pagode lag eine stille Straße zwischen zwei Seen, die man Bridge Street nannte. Dort hatte Dr. Parker eine Klinik eröffnet, ein bis zwei Kilometer von seinem Krankenhaus entfernt. Als der Herbst herannahte, war Hudson Taylor froh, dort eine vorübergehende Bleibe zu finden. Dieser kleine Ort ist beachtenswert, denn später wurde er die erste Station der China-Inland-Mission, die zum Schluß von Hunderten von Zentren aus in vielen Provinzen wirkte. Rückblickend schreibt Hudson Taylor von jenen frühen Tagen:

»Ich kann mich noch genau daran erinnern, meine Anfangsbuchstaben in den Schnee geschrieben zu haben, der sich während der Nacht auf meiner Decke in dem großen, scheunengleichen Raum angesammelt hatte. Jetzt ist er in vier oder fünf kleinere aufgeteilt, und jeder ist gut abgedichtet. Die Dachziegel eines chinesischen Hauses mögen wohl den Regen abhalten, wenn sie intakt sind, doch geben sie keinen guten Schutz gegen den Schnee ab, der zwischen den Ritzen und Spalten doch hereinkommt. Wie unfertig es auch schien, das kleine Haus eignete sich gut für eine Arbeit unter den Leuten, und so machte ich es mir dort mit dankbarem Herzen bequem und fand zu allen Tageszeiten einen großen Dienstbereich.«

Die einzigen anderen Ausländer in dem Stadtteil waren Mr. und Mrs. J. Jones, ebenfalls von der Chinesischen Evangelisationsgesellschaft, und eine Dame, die eine außerordentlich erfolgreiche Schule für Mädchen führte, die erste, die in China eröffnet wurde. Diese Miss Aldersey hatte glücklicherweise die Hilfe der beiden Töchter von Rev. Samuel Dyer erhalten, der einer der ersten Missionare in China und ein Kollege von Robert Morrison gewesen war. Als Mr. und Mrs. Jones mit Familie nicht weit von der Schule entfernt ein Haus bezogen, fand die jüngere der beiden Schwestern ausreichend Gelegenheiten, der sehr beschäftigten Mutter hilfreich beizuspringen. Sooft wie möglich machten sie in der Nachbarschaft

Besuche, und da Miss Dyer die Sprache fließend beherrschte, war diese Arbeit ein Vergnügen. So jung – sie war noch nicht einmal zwanzig – und so beschäftigt mit Schulpflichten sie war, war dieses nette, begabte Mädchen doch ein wirklicher Seelengewinner. Für sie war Missionsarbeit nicht nur lehren, sondern hauptsächlich Menschen zu Christus zu führen.

Dies erweckte Hudson Taylors Interesse. Denn er konnte nicht umhin, im Hause seiner Mitarbeiter Miss Dyer von Zeit zu Zeit zu begegnen und sich zu ihr hingezogen zu fühlen. Sie war so offen und so natürlich, daß sie bald gute Freunde wurden, und sie erwies sich in allen wichtigen Dingen als so gleichgesinnt, daß sie begann, einen Platz in seinem Herzen einzunehmen – den vor ihr noch niemand eingenommen hatte –, ohne daß er sich dessen richtig bewußt wurde.

Doch nicht lange danach wurde die Freundschaft von unerwarteten Ereignissen unterbrochen, die die Missionarsgruppe in Ningpo auseinanderriß. Ein Komplott, alle Ausländer zu massakrieren, wurde aufgedeckt, und obwohl es verhindert werden konnte, war der Haß der Kantonesen in diesem Gebiet so groß, daß es notwenig schien, Familien mit Kindern zur Küste zu bringen. Seine Vertrautheit mit dem Shanghaier Dialekt machten Hudson Taylor zum bestgeeignesten Begleiter für diese Gruppe. Obwohl es ihm gerade jetzt schwer fiel zu gehen, konnte er doch diesen Dienst nicht verweigern.

Miss Aldersey ließ sich jedoch nicht dazu bewegen, einen sichereren Ort aufzusuchen. Wegen ihres fortgeschrittenen Alters übergab sie die Schule der American Presbyterian Mission. Es war nicht an der Zeit, unnötige Änderungen vorzunehmen, und nachdem man alle möglichen Vorsichtsmaßnahmen getroffen hatte, ermutigte sie ihre jungen Helferinnen, bei ihr zu bleiben. Die ältere der beiden Schwestern hatte sich mit Hudson Taylors besonderem Freund, J. S. Burdon, verlobt, und so schien die jüngere dagegen noch einsamer und ungeschützter. Wie schwer erschien es ihm, sie zu dieser Zeit zu verlassen! Doch Hudson Taylor hatte keinen Grund anzunehmen, daß seine Gegenwart ihr irgendwie zum Trost gereichen würde. Und außerdem – versuchte er sie zu vergessen?

Erst einmal erkannte er, wie wenig er dem Mädchen bieten konnte, das er liebte. Seine Stellung als Vertreter der Chinesischen Evangelisationsgesellschaft war in letzter Zeit immer problematischer geworden. Seit geraumer Zeit wußte er, daß die Gesellschaft in Schulden steckte und daß sein Gehalt mit geliehenem Geld bezahlt wurde.

»Ich hatte persönlich«, so schrieb er in Erinnerung an diese Umstände, »immer vermieden, Schulden zu machen, obwohl dies oft nur durch äußerste Sparsamkeit gelang. Jetzt brauchte ich das nicht mehr zu tun, denn mein Einkommen war größer, doch die Gesellschaft selbst war in Schulden. Die vierteljährlichen Wechsel, die mir und anderen angewiesen wurden, wurden oft nur mit geliehenem Geld eingelöst. Ein Briefwechsel begann, der im folgenden Jahr damit endete, daß ich der Gesellschaft aus Gewissensgründen kündigte.

Mir schien es, daß Gottes Wort klar lehrt: ›Seid niemand nichts schuldig.‹ Geld zu borgen war meiner Meinung nach ein Widerspruch zur Schrift, ein Zugeständnis, daß Gott womöglich etwas Gutes von uns ferngehalten hatte, und ein Entschluß, uns selbst zu nehmen, was er vorenthalten hatte.

Konnte das, was für einen Christen falsch ist, für eine Vereinigung von Christen richtig sein? Oder konnte eine Reihe von vorrangigen, wichtigen Dingen zu falscher Handlungsweise berechtigen? Wenn das Wort mich etwas lehrte, so lehrte es mich, mit Schulden nichts zu tun zu haben. Ich konnte mir nicht vorstellen, daß Gott arm war, daß er keine Mittel hatte, und daß er unwillig war, irgendwelche Bedürfnisse seines Werkes zu decken. Es schien mir eher, wenn Mittel für eine Arbeit fehlten, sie in dem Maße unter den gegebenen Umständen und zu der Zeit nicht wirklich das Werk Gottes sein konnte. Um mein Gewissen zu erleichtern, sah ich mich daher gezwungen, meine Verbindung mit der Gesellschaft zu lösen . . . Es war mir eine große Befriedigung, daß mein Kollege und Freund Jones ebenfalls so geführt wurde, diesen Schritt zu tun, und wir beide waren tief dankbar, daß sich diese Trennung ohne den geringsten Bruch in freundschaftlichen Gefühlen und Beziehungen auf der einen oder anderen Seite vollzog . . .

Der Schritt, den wir unternommen hatten, erwies sich als Glaubensschritt. Ich war mir überhaupt nicht klar, was Gott von mir wollte, oder ob er meine Bedürfnisse so decken würde, daß ich fähig war, meine Arbeit wie zuvor weiterzuführen . . . Doch Gott segnete mich und schenkte mir Gelingen, und wie froh und dankbar war ich, als die Trennung endlich in kraft trat! Ich konnte meinem Vater mit befriedigtem Herzen direkt ins Angesicht schauen, bereit, durch seine Gnade den nächsten Schritt zu unternehmen, den er mich führen würde; dabei war ich fest von seiner liebevollen Fürsorge überzeugt.

Und wie wunderbar er mich führte, kann ich niemals, nein, niemals sagen. Es war wie eine Fortführung meiner früheren Erfahrungen und Erlebnisse zu Hause. Mein Glaube blieb nicht ungeprüft; oft, sehr oft versagte er, und ich war sehr traurig und beschämt über mein Versagen, solch einem Vater nicht fest zu vertrauen. Und trotzdem: ich lernte ihn besser kennen. Nicht einmal damals hätte ich die Prüfungen missen wollen. Er war mir so nahe, so real, so vertraut! Der gelegentliche Engpaß in Finanzen kam nie von unzureichender Versorgung für persönliche Bedürfnisse, sondern ergab sich des öfteren als Folge des Dienstes an unzähligen Hungernden und Sterbenden um uns herum. Und andere, tiefer gehende Prüfungen stellten diese Schwierigkeiten weit in den Schatten, doch brachten sie folglich auch reichere Frucht.«

Die Armseligen, denen sie in jenem Winter Nahrung gaben, waren Hungerflüchtlinge, die sich aus Gebieten nach Shanghai hereindrängten, die von der Taiping-Rebellion verwüstet worden waren. In all ihrer Nacktheit, Krankheit und ihrem Hunger lebten diese Dulder auch noch in niedrigen, gewölbten Gräbern, die sie sich aufgegraben hatten, oder in alten, halb in Ruinen liegenden Gebäuden. Zusätzlich zu einem Gottesdienst, den er für die Londoner Mission hielt, predigte Hudson Taylor täglich im Stadttempel, doch nahm er sich auch Zeit, mit Jones zusammen diese elenden Gestalten zu besuchen. Er pflegte die Kranken und gab den Hungernden zu essen.

So wandten sich seine Gedanken nicht aus Mangel an Beschäftigung ständig Ningpo zu. Auch hatte er Bedenken darüber, daß es ihn so sehr drängte, die Frage der Ehe zu überdenken. »Heirate nie, wenn du es vermeiden kannst«, lautet ein geheimer Rat, der sehr leicht mißverstanden werden könnte, doch Hudson Taylor war sich seiner Bedeutung klar. Denn eine große, gottgegebene Liebe war ihm geworden, und er konnte deren verständliche Folgerung nicht verdrängen.

In der Zwischenzeit wirkte in Ningpo die gleiche gnädige Vorsehung, obgleich es dort noch weit größere Hindernisse zu überwinden galt. Die Schwierigkeit lag jedoch nicht bei derjenigen, die es am meisten anging. Maria Dyer hatte ein empfindsames, zartes Wesen. Einsam seit ihrer Kindheit, war sie mit dem tiefen Verlangen herangewachsen, einen wirklichen Herzensfreund zu finden. An ihren Vater konnte sie sich kaum erinnern, und ihre Mutter war gestorben, als sie erst zehn Jahre alt war. Ihre eigentliche Bekehrung, die sie erst auf dem Wege nach China erlebte, wo sie Miss Aldersey helfen wollte, machte die Missionsarbeit für sie zu einer völlig neuen Sache. Aber es war ein einsamer Posten für ein Mädchen, das noch in seinen Teenagerjahren war, besonders nachdem ihre Schwester sich verlobt hatte.

Und dann war er gekommen – der junge Missionar, der sie damit beeindruckt hatte, daß er die gleiche Sehnsucht wie sie nach Heiligung, fruchtbarem Dienst und Gottesnähe hatte. Er war anders als die andern – nicht mehr begabt oder anziehender, obgleich er sehr freundlich und nett war und voller Humor. Er hatte etwas an sich, das sie zur Ruhe kommen ließ und ihr das Gefühl gab, verstanden zu werden. Er schien in einer solch realistischen Welt zu leben und solch einen realen Gott zu haben. Obwohl sie ihn nur selten sah, war es ihr ein Trost zu wissen, daß der in der Nähe war, und sie war überrascht, festzustellen, wie sehr sie ihn vermißte, als er nach nur sieben Wochen wieder fortging, um nach Swatow zurückzukehren.

Dann verschloß sich der Weg dort, wie wir gesehen haben, und zu ihrer Freude und Überraschung kam er wieder nach Ningpo zurück. Vielleicht öffnete ihr das die Augen für das Gefühl, mit dem sie ihn zu betrachten begann. Jedenfalls wußte sie es bald, und in ihrer guten, wahrhaftigen und aufrichtigen Art versuchte sie es weder vor ihrem eigenen Herzen noch vor Gott zu verbergen. Es gab sonst niemanden, mit dem sie über ihn sprechen wollte, denn andere sahen in ihm nicht immer das, was sie in ihm sah. Sie mochten nicht, daß er chinesische Kleidung trug, und billigten es nicht, daß er sich so mit dem Volk identifizierte. Seine chinesische Kleidung – wie liebte sie sie an ihm! Um so mehr, weil sie seine innere Einstellung darstellte. Seine Armut und seine Freigebigkeit den Notleidenden gegenüber – wie gut verstand sie ihn, wie gut konnte sie mitfühlen! Hielten andere ihn für phantastisch in seinem Verlangen, das unberührte, große Innere zu erreichen? Nun, auf ihrem Herzen lag die gleiche Last, es war das Leben, das sie auch führen wollte, doch für eine Frau schien das weit unpraktischer. So betete sie viel für ihren Freund, obwohl sie ihm nur wenig davon zeigte.

Monat für Monat verging, und er mußte noch weiterhin in Shanghai bleiben. Sie wußte nicht, daß es ihn etwas kostete, sie zu verlassen. Und dann schließlich – ein Brief! So plötzlich die Freude auch war, die große, wunderbare Freude, so war es doch keine Überraschung, sondern nur ein stiller Beweis dessen, was im Innern gewesen war. Sie hatte sich also doch nicht getäuscht! Sie *waren* füreinander bestimmt – zwei, die Gott erwählt hat, gemeinsam vor ihm zu wandeln.

Als sie sich nach ihrem ersten frohen Dankgebet erhob, ging sie zu ihrer Schwester, die sehr viel Verständnis hatte. Als nächstes sagte sie es Miss Aldersey in der Hoffnung, daß sie diese Verlobung gutheißen würde wie die Burdons. Doch mit großer Entrüstung hörte die ältere Dame ihre Geschichte.

»Mr. Taylor, der junge, arme Herr Niemand, der keiner Gesellschaft angehört. Wie darf er es wagen, an so etwas zu denken? Natürlich muß der Heiratsantrag sofort abgelehnt werden, und zwar endgültig.«

Vergeblich versuchte Maria zu erklären, wieviel er ihr bedeutete. Das machte alles nur noch schlimmer. Sie mußte unverzüglich vor solch einer Dummheit bewahrt werden. Und ihre freundliche Freundin schickte sich mit den besten Absichten an, diese Angelegenheit gänzlich in ihre Hände zu nehmen. Das Ergebnis war ein Brief, der fast durch Miss Alderseys Diktat zustande kam, der nicht nur die ganze Sache abtat, sondern sehr bestimmt forderte, daß sie nie wieder erwähnt werden sollte.

Verwirrt und zerbrochen hatte das arme Mädchen keine andere Wahl. Sie war zu jung und unerfahren und viel zu schüchtern in solchen Angelegenheiten, um sich der Entscheidung von Miss Aldersey zu widersetzen, die stark von ihren anderen Freunden unterstützt wurde. Bis ins Innerste von Schmerz und Scham getroffen, konnte sie alles nur in die Hand ihres himmlischen Vaters legen. Er wußte darum, er verstand. In den darauffolgenden langen, einsamen Tagen, in denen selbst ihre Schwester sich auf Miss Alderseys

Seite stellte, nahm sie Zuflucht zu der Gewißheit, daß nichts, absolut nichts für den Herrn zu schwierig und ausweglos war. »Selbst wenn er meinen Isaak töten muß, so kann er ihn wieder zum Leben erwecken«, so sprach sie sich selbst immer wieder und wieder Trost zu.

Doch als es Frühling wurde und die Abwesenden von Shanghai wieder zurückkehren konnten, wurde die Lage immer schwieriger. Denn Miss Aldersey, entrüstet über Hudson Taylors Wiedererscheinen, schien es für ihre Pflicht zu halten, ihn auf alle mögliche Weise zu entmutigen. Dem Briefe nach zu urteilen, den sie geschrieben hatte, durfte er nicht versuchen, Miss Dyer wiederzusehen, und so hatte er keine Ahnung von ihren andersartigen Gefühlen. Da sie begabt und attraktiv war, hatte sie keinen Mangel an Bewerbern, die ganz offensichtlich ermutigt wurden. Und chinesische Etikette kombiniert mit wohlmeinender Diplomatie machten es den beiden fast unmöglich, sich zu begegnen. Doch beide beteten. Die so schwer geprüften Herzen waren offen für Gott und verlangten wirklich nach seinem Willen. Und er wirkt immer auf wunderbare Art!

Es war ein schwülheißer Nachmittag im Juli, und Mrs. Jones war an der Reihe, für die Gebetsversammlung Gastgeberin zu sein. Wie üblich hatten sich eine Reihe von Damen versammelt, doch wie es sich alsbald herausstellte, war es an jenem Tage viel einfacher zusammenzukommen als wieder auseinanderzugehen. Denn fast ohne Warnung ergoß sich eine Wasserhose den Fluß herauf und brach wie eine wahre Sintflut über Ningpo herein, gefolgt von starken Regengüssen. Jones und Taylor, der inzwischen bei der Familie Jones wohnte, waren drüben in der Klinik und konnten wegen der überfluteten Straßen erst spät zurückkehren. Die meisten der Damen waren gegangen, als sie nach Hause kamen, doch ein Diener von der Schule war noch da und sagte, daß Maria Dyer und eine andere Dame immer noch auf Sänften warteten.

»Geh schon in mein Arbeitszimmer«, sagte Jones, »ich werde sehen, was sich machen läßt.«

Nicht lange danach kam er zurück und sagte, daß die Damen mit Mrs. Jones allein seien und sich freuen würden, Hudson Taylor zu sehen.

Kaum wissend, was er tat, ging der junge Mann nach oben und trat der entgegen, die er über alles liebte. Natürlich waren andere anwesend; denn das war nach chinesischer Sitte unvermeidlich. Doch er bemerkte sie kaum, sondern sah kaum etwas anderes als ihr Gesicht. Er hatte nur beabsichtigt zu fragen, ob er an ihren Vormund nach London schreiben dürfe. Doch jetzt kam alles heraus, er konnte einfach nicht anders! Und sie? Sie waren ja nur unter vertrauten Freunden, und es konnte lange währen, bis sie sich wieder begegneten! Ja, sie gab ihr Einverständnis und tat noch ein übriges. In ihrer warmherzigen Art zerstreute sie seine Befürchtungen, indem sie ihm zu verstehen gab, daß er ihr genauso viel bedeutete wie sie ihm. Und dann entspannte Hudson Taylor die Situation, indem er sagte: »Laß uns alles dem Herrn im Gebet hinlegen.«

Vier Monate waren eine lange, lange Wartezeit, besonders nachdem sie erfuhren, daß Miss Aldersey nach Hause geschrieben hatte, um dem entfernten Verwandten ihren Standpunkt klarzumachen. Was würde werden, wenn sich der Vormund von ihrer starken Darstellung beeinflussen ließ? Wenn er seine Zustimmung zu der Ehe verweigerte? Die beiden jungen Leute waren sich darüber klar, daß Gottes Segen auf ihrem Gehorsam den Eltern oder denen gegenüber, die Elternpflichten hatten, lag.

»Ich habe«, schrieb Hudson Taylor in späteren Jahren, »Ungehorsam gegenüber einem bestimmten Befehl meiner Eltern nie gekannt, dem nicht eine Strafe gefolgt wäre. Erobere mit dem Herrn. Er kann jede Tür erschließen*. Die Verantwortung ist in diesem Fall bei den Eltern, und sie ist schwer. Doch wenn der Sohn oder die Tochter von ganzem Herzen sagen kann ›Ich warte darauf, daß der Herr den Weg öffnet‹, dann liegt die Angelegenheit in seinen Händen, und er wird sich ihrer von nun an annehmen.«

Und das tat er denn auch! Denn Ende November kam der langersehnte Brief und brachte eine günstige Nachricht. Nach sorgfältiger Prüfung hatte der Onkel in London sich davon überzeugt, daß Hudson Taylor ein ungewöhnlich vielversprechender Missionar war. Die Sekretäre der Chinesischen Evangelisationsgesellschaft konnten nur Gutes von ihm berichten, und auch von anderer Seite

* Hudson Taylor beschäftigte sich damals besonders mit der Frage des Rufs in die Mission, zu dem die Eltern ihre Zustimmung nicht gaben.

hatte er gute Referenzen. So nahm er denn alle beunruhigenden Gerüchte, die er gehört haben mochte, nicht allzu ernst und stimmte der Verlobung seiner Nichte herzlich zu. Er machte nur zur Auflage, daß die Eheschließung hinausgeschoben wurde, bis sie großjährig wurde. Und das würde in etwas mehr als zwei Monaten sein.

Danach verlobten sie sich öffentlich. Wie entschädigten jene glücklichen Wintertage sie für alles, was sie durchgemacht hatten. Am Samstag, dem 16. Januar, würde die Braut einundzwanzig Jahre alt werden. Und so wurde die Hochzeit für die darauffolgende Woche arrangiert.

»Ich habe mich körperlich und geistig nie besser und wohler gefühlt«, schrieb Hudson Taylor . . . »ich kann kaum fassen, liebe Mutter, was geschehen ist; daß wir nach all der Qual und Spannung, die wir erlebt haben, nicht nur die Freiheit haben, uns zu sehen und oft beieinander zu sein, sondern daß wir in wenigen Tagen verheiratet sein werden! Gott ist so gut zu uns gewesen. Er hat tatsächlich unsere Gebete erhört und sich gegen die Mächtigen auf unsere Seite gestellt. Ach, mögen wir enger mit ihm verbunden sein und ihm treuer dienen. Ich wünschte, Du könntest meine Liebste kennenlernen. Sie ist ein Kleinod! Sie ist alles, was ich mir wünsche.«

Und dann sechs Wochen später:

»Ach, mit dem Menschen verheiratet zu sein, den man liebt, den man zärtlich und hingebungsvoll liebt . . . das ist Wonne, die sich nicht in Worte fassen läßt und die man sich nicht vorstellen kann. Darin gibt es keine Enttäuschung. Und jeder Tag, der dir mehr von der Art deiner Geliebten zeigt, wenn du solch einen Juwel besitzt wie den meinen, macht dich stolzer, glücklicher und dem Geber aller guten Dinge gegenüber demütig dankbar für dies sein bestes irdisches Geschenk.«

# Kapitel 8
# Erntefreuden

Die Ernte nach der Saat, die Sonne nach dem Regen,
das Schauen nach dem Dunkel, der Friede nach dem Schmerz.
F. R. Havergal

Es verblieben Hudson Taylor jetzt nur noch zweieinhalb Jahre von seiner ersten Dienstzeit in China, doch es waren reiche, erfüllte Jahre. Das kleine Haus in der Bridge Street war jetzt wirklich ein Heim geworden. Unten blieben die Kapelle und die Gästehalle bestehen, und die Christen und die Fragenden kamen und gingen freizügig, doch oben konnte man den scheunenähnlichen alten Boden kaum wiedererkennen in den freundlichen kleinen Zimmern, dessen gardinenverhangene Fenster auf die schmale Straße und den Kanal dahinter blickten. Und welch einen Unterschied machte es, daß die Frauen und Kinder gleichermaßen wie die Männer betreut werden konnten! Maria Taylor, die in der Nachbarschaft schon sehr gut bekannt war, war jetzt mehr als willkommen, wenn sie Besuche machte, und da »Liebende von jedermann geliebt werden«, machte sich die Anziehungskraft jener vereinigten Herzen überall bemerkbar.

Einer ihrer besten Freunde und Helfer war der ehemalige Buddhistenführer, der in der Stadt Tuchhändler war. Obwohl dieser Ni schon lange in Ningpo wohnte, war er mit dem Evangelium noch nie in Kontakt gekommen. Er war tiefernst und verbrachte als Vorsitzender einer götzendienerischen Gesellschaft viel Zeit und Geld im Dienst »der Götter«. Doch sein Herz hatte keinen Frieden, und je mehr er die religiösen Vorschriften befolgte, je sinnloser fand er sie.

Als er eines Abends auf der Straße an einer offenen Tür vorbeikam, bemerkte er, daß drinnen etwas vorging. Eine Glocke ertönte, Menschen versammelten sich. Als er erfuhr, daß hier in diesem Saal religiöse Dinge besprochen wurden, kam er auch herein, denn es gab nichts, das ihn mehr in Unruhe versetzte, als die Strafen für die

Sünden und die Verwandlung der Seele auf ihrem unbekannten Weg. Ein junger Fremder in chinesischer Kleidung predigte aus seinem heiligen Buch. Er beherrschte den Ningpo-Dialekt. Ni konnte jedes Wort des Abschnittes verstehen, den er vorlas. Doch was bedeutete das alles?

»Und wie Mose in der Wüste eine Schlange erhöht hat, also muß des Menschen Sohn erhöht werden . . . also hat Gott die Welt geliebt, daß er seinen eingeborenen Sohn gab, auf daß alle, die an ihn glauben, nicht verloren werden, sondern das ewige Leben haben. Denn Gott hat seinen Sohn nicht gesandt in die Welt, daß er die Welt richte; sondern daß die Welt durch ihn selig werde.«

Gerettet, nicht verdammt; einen Weg, ewiges Leben zu finden; einen Gott, der die Welt *liebte;* eine Schlange, nein, ein »Menschensohn« erhöht – was konnte all das bedeuten? Wenn man sagt, daß Ni interessiert war, so kann das kaum ausdrücken, was in ihm vorging. Die Geschichte der bronzenen Schlange in der Wüste, die das göttliche Mittel gegen die Sünde darstellte mit ihren tödlichen Konsequenzen; das Leben, der Tod und die Auferstehung des Herrn Jesus Christus; die Bedeutung alles dessen für sein eigenes Leben, die ihm kraft des Heiligen Geistes klar wurde – das ist das Wunder aller Zeiten, und Gott sei Dank, es geschieht immer noch! »Und ich, wenn ich erhöht werde von der Erde, so will ich sie alle zu mir ziehen.«

Doch die Versammlung näherte sich ihrem Ende. Der fremde Lehrer hatte aufgehört zu sprechen. Mit dem Instinkt eines Menschen, der daran gewöhnt ist, in solchen Situationen die Führung zu übernehmen, erhob sich Ni von seinem Platz, schaute sich unter den Zuhörern um und sagte mit einfacher Direktheit:

»Ich habe lange nach der Wahrheit gesucht, sie jedoch nicht gefunden. Ich bin fern und nah gereist, und doch habe ich sie nicht ergreifen können. Im Konfuzianismus, Buddhismus und Taoismus habe ich keinen Frieden gefunden. Doch finde ich Frieden in dem, was wir heute abend gehört haben. Von jetzt ab glaube ich an Jesus Christus.«

Er wurde ein eifriger Bibelstudent, und sein Wachstum in der Gnade und Weisheit war wunderbar. Nicht lange nach seiner Bekehrung erhielt er die Erlaubnis, vor einer Versammlung der Gesellschaft zu sprechen, der er früher vorgestanden hatte. Taylor, der ihn begleitete, war tief beeindruckt von der Klarheit und Vollmacht, mit der er das Evangelium erklärte. Einer seiner früheren Untergebenen fand durch sein Zeugnis den Weg zu Christus, und Ni begann die Freude eines Seelengewinners zu erfahren.

Er stellte dann auch unerwartet seinem Missionar die Frage: »Wie lange habt ihr diese gute Nachricht in eurem Land gehabt?«

»Einige hundert Jahre«, war die zögernde Antwort.

»Was? Einige hundert Jahre?«

»Mein Vater suchte nach der Wahrheit«, fuhr er traurig fort, »und dann starb er, ohne sie gefunden zu haben. Ach, warum seid ihr denn nicht eher gekommen?«

Es war ein Augenblick, dessen Schmerz Hudson Taylor nie vergessen konnte, und der seinen innigen Wunsch noch vertiefte, alle diejenigen zu Christus zu bringen, die er nur erreichen konnte.

In jenen Tagen brauchte er viel Geduld, um dem Geist Gottes nicht in der Angelegenheit, vollamtliche Helfer und Mitarbeiter zu engagieren, davonzulaufen. Bis jetzt hatten die jungen Missionare noch keine chinesischen Mitarbeiter. Ni war eifrig darum bemüht, alle Zeit, die er von seinem Geschäftsleben entbehren konnte, der Mission zu widmen. Ebenso machten es Neng-kuei, der Korbmacher, Wang, der Bauer aus Hosi, und Tsiu, der Lehrer, mit seiner warmherzigen Mutter. Doch sie und andere waren alle in ihrem Berufsleben tagsüber beschäftigt, obwohl es sie abends regelmäßig zum Missionshaus zog, und auch einen großen Teil ihrer Sonntage verbrachten sie dort. Es wäre so leicht gewesen, den gläubigen Lehrer in der Schule einzusetzen, in der Maria Taylor täglich viele Stunden verbrachte. Oder man hätte andere bei einem bescheidenen Gehalt einstellen und sie schulen können, damit sie brauchbare Dienste leisten konnten. Doch die Missionare erkannten, daß sich dies schließlich eher als Hindernis denn als Hilfe erweisen würde. Junge Bekehrte, auch wenn sie es noch so ernst meinten, dafür zu bezahlen, daß sie das Evangelium verbreiteten, und womöglich auch noch mit Geldern aus ausländischen Quellen, mußte unvermeidlich ihren Einfluß schwächen, wenn nicht sogar ihren Charakter. Vielleicht kam die Zeit, da der Ruf Gottes an sie alle offensichtlich war, und da die Christen selber bereit waren, ihre einheimischen Brüder und Schwestern darin zu unterstützen. Wie sollte China jemals evangelisiert werden, wenn nicht durch die chinesische Kirche? Und wie sollten die Bekehrten jemals die Freude an unbezahltem, freiwilligem Dienst aus Liebe zum Herrn Jesus Christus erfahren, wenn die Missionare nicht geduldig auf geistliches Wachstum warten konnten?

So führte Hudson Taylor und seine Kollegen also ein ausgefülltes Leben, während um sie herum überall junge Bekehrte im Herrn wuchsen. Denn zusätzlich zu dem Predigtdienst auf den Straßen und in der Kapelle verrichtete er eine beträchtliche medizinische Arbeit, empfing Besucher, kümmerte sich um Briefe und Rechnungen und machte nebenher noch seine evangelistischen Reisen. Doch erlaubte er nicht, daß irgend etwas die gegenwärtige Hauptaufgabe behinderte, nämlich täglich mit den Christen und den Fragendgewordenen im Gespräch zu bleiben.

Es nimmt kaum Wunder, daß die Bekehrten bei solcher Liebe und Sorgfalt, die man ihnen zuteil werden ließ, in der Gnade und der Weisheit in den Dingen Gottes wuchsen. Abend für Abend standen die Missionare ihnen zur Verfügung. Nach der regelmäßigen öffentlichen Versammlung traf man sich noch zum (in drei Abschnitten) sorgfältig vorbereiteten Studium. Zu Anfang wurde eine Lektion aus dem Alten Testament vorgenommen. Hudson Taylor machte es große Freude, den geistlichen Sinn des Abschnitts zu entfalten. Dann wurde nach einer Pause ein Kapitel aus der »Pilgerreise« oder einem anderen hilfreichen Buch gelesen. Und schließlich sprach man noch über einen Abschnitt aus dem Neuen Testament und versuchte ihn auf das tägliche Leben anzuwenden. Dies stand regelmäßig jeden Abend auf dem Programm und führte zum Sonntag hin mit seinen Gottesdiensten für Außenstehende.

Auch an den Sonntagen gab es Bibelstunden. Es kostete die Christen nicht wenig, ihre Geschäfte und Läden geschlossen zu halten, und somit an einem von sieben Tagen auf geschäftliche Einnahmen zu verzichten. Doch Hudson Taylor und seine Kollegen wußten, daß sich keine starke, selbständige Kirche auf einer anderen Basis aufbauen kann. Deshalb entschlossen sie sich, ihr möglichstes zu tun, um dieses Opfer lohnenswert zu machen, indem sie die Stunden, die somit Gott gegeben wurden, mit hilfreicher und frohmachender Beschäftigung füllten. Zwischen den regelmäßigen Gottesdiensten wurden Christen, Fragende, Patienten und Schulkinder in Gruppen eingeteilt und in fröhlicher, persönlicher Weise unterrichtet. Dies machte den Sonntag zu einem schweren Tag für die Missionare, denn sie waren ja nur zu viert. Doch wenn es auch Mühe und Arbeit kostete, so konnten sie doch dadurch die Opfer besser verstehen, die von den Bekehrten gebracht wurden. Einige mußten weite Wege machen und an jenem Tag zum großen Teil ohne Essen sein, wieder andere mußten Verfolgung und persönlichen Verlust auf sich nehmen. Doch waren sie willig – jedenfalls die meisten von ihnen, all dies auf sich zu nehmen, wenn sie den Tag des Herrn zum Gottesdienst nehmen konnten, denn sie waren sich des Segens bewußt, der sich damit auf die ganze Woche auswirkte.

So nahm die Kirche zu, die Missionare entwickelten sich weiter, und sie standen vor immer größeren Gelegenheiten zum Dienst. Der Vertrag von Tientsin, der im Sommer nach Hudson Taylors Eheschließung unterzeichnet wurde, hatte schließlich den Weg zu allen Provinzen im Inneren geöffnet. Ausländer hatten jetzt das Recht, frei unter dem Schutz ihrer Pässe herumzureisen. Man brauchte sich nur der Gelegenheiten zu bedienen, um die man so lange gebetet hatte.

»Ihr werdet schon von diesem neuen Vertrag gehört haben«, schrieb Taylor im November. »Wir werden wahrscheinlich einige unserer Ningpo-Missionare verlieren . . . die ins Innere gehen werden. Ja, wird denn die Kirche daheim nicht erwachen und uns noch viele herausschicken, um die Frohe Botschaft zu verbreiten?

Viele von uns sehnen sich danach zu gehen – wie sehr sehnen wir uns danach! Doch gibt es Pflichten und Aufgaben, die uns hier festhalten, von denen uns niemand anders als der Herr entbinden kann. Möge er vielen der einheimischen Christen Gaben geben und sie somit ausrüsten . . . die Arbeit in den schon bestehenden Gemeinden zu übernehmen . . . damit wir frei werden für die Pionierarbeit.«

Dies war die Last auf ihren Herzen, im Segen Gottes eine Kirche und Gemeinde aufzubauen, die sich selbst tragen konnte. Doch den Anspruch der kleinen Schar von Gläubigen, die sie noch als Eltern im Herrn brauchten, konnten sie nicht einfach abtun. Ihrer Liebe und ihren Gebeten waren diese Seelen anvertraut worden, und sie jetzt zu verlassen, selbst zum Guten anderer, bedeutete, die höchste aller Pflichten zu vernachlässigen, nämlich die elterliche Aufsichtspflicht. Und diese Überzeugung erwies sich nachfolgend als unbedingt richtig.

Denn diese Christen, Ni, Neng-kuei, Wang und die anderen, waren Männer, die Gott gebrauchen konnte. Arm und ohne Schulbildung, wie die meisten von ihnen waren, sollten sie doch zu »Menschenfischern« werden. Nicht weniger als sechs oder sieben dieser ersten Bekehrten sollten ihrem verehrten Vorbild in den Jahren des Aufbaus der China-Inland-Mission zu Hilfe kommen. Wäre nicht ihre Mithilfe gewesen, so hätte sich das neue Projekt, menschlich gesprochen, kaum verwirklichen lassen. Man kann wohl kaum überschätzen, was zu jener Zeit aus der intensiven Arbeit in der Bridge Street hervorging. Denn was die Missionare selbst waren, das wurden zum großen Teil ihre Kinder im Glauben auch, und es gibt keine bessere, sicherere Art, geistlichen Segen weiterzugeben.

Mitten in dieser Erntefreude rief ein großer und unerwarteter Kummer Hudson Taylor zu neuer Verantwortung. Drüben in der Siedlung hatte Dr. Parker vor einiger Zeit sein neues Krankenhaus fertiggestellt. Herrlich an einem der Stadttore gelegen, mit Blick über den Fluß, zogen diese geräumigen Gebäude täglich die Aufmerksamkeit Tausender auf sich. Alles an dem Krankenhaus war in wunderbarer Weise auf die Arbeit abgestimmt und in jahrelanger, geduldiger Arbeit eingerichtet worden. Doch beim Doktor daheim trauerte man: der tapfere Mann, der so viele Schwierigkeiten überwunden hatte, beklagte seine Frau, die nur nach wenigen Stunden Krankheit gestorben war und ihm vier Kinder hinterließ. Eines davon war ernstlich erkrankt. Der Doktor erkannte, daß er sie nach Schottland zurückbringen mußte. Doch was sollte aus dem Krankenhaus werden? Die Stationen waren voller Patienten, und die Ambulanz war täglich von einem Strom von Menschen bedrängt, die alle Hilfe suchten. Kein anderer Arzt war frei, seinen Platz zu übernehmen. Das Krankenhaus zu schließen, jetzt wo der Winter vor der Tür stand, schien undenkbar. Obwohl keine Mittel für die Arbeit hinterlassen werden konnten – denn sie wurde aus den Einnahmen seiner Privatpraxis getragen –, könnte nicht vielleicht sein früherer Kollege Hudson Taylor wenigstens die Ambulanz weiterführen? So wurde ihm die unvorhergesehene Aufgabe zuteil.

»Nachdem ich um des Herrn Führung gebetet hatte«, erinnert sich Hudson Taylor, »fühlte ich mich gedrungen, nicht nur die Ambulanz, sondern auch das Krankenhaus zu übernehmen. Dabei verließ ich mich einzig und allein auf die Treue eines Gebete erhörenden Gottes, mir alle Mittel zur Weiterführung zu gewähren.

Zeitweilig gab es nicht weniger als fünfzig Patienten auf den Stationen, neben dem Strom derer, die die Ambulanz aufsuchten. Dreißig Betten standen gewöhnlich unentgeltlich Patienten und ihren Pflegern zur Verfügung. Beinahe ebenso viele waren mit Opiumrauchern belegt, die für ihren Aufenthalt bezahlten, während sie von ihrem Laster geheilt wurden. Da die Pflege der Patienten auf den Stationen wie auch alle Medikamente in der Ambulanz nichts kosteten, waren die täglichen Ausgaben beträchtlich. Krankenhaushelfer wurden auch gebraucht, und auch sie mußten bezahlt werden. Die Mittel zur Aufrechterhaltung all dieser Dinge waren bis jetzt aus der Privatpraxis des Doktors gekommen, die er für Ausländer unterhielt, doch nach seiner Abreise hörte diese Einnahmequelle auf. Aber hatte Gott nicht gesagt, daß uns das, was wir im Namen Jesu erbitten, gegeben wird? Und wird uns nicht gesagt, zuerst das Himmelreich Gottes zu suchen – nicht die Mittel, um es weiterzuführen – und daß uns solches alles zufallen würde? Solche Verheißungen genügten doch wahrlich.«

Es machte den jungen Missionaren nichts aus, daß diese Situation völlig unvorhergesehen kam; daß keiner ihrer Freunde daheim es hätte voraussehen können, und daß Monate vergehen würden, bevor sie eine Antwort auf ihre Briefe erhalten würden. Blickten sie selbst nicht ganz auf den Herrn, damit er sie versorge? Und hatte er sie jemals verlassen? Das Geheimnis des Glaubens, der auch in Notsituationen standhält, ist die einfache, praktische Abhängigkeit von Gott, Tag für Tag, welche ihn einem gläubigen Herzen so real macht.

»Acht Tage, bevor ich die Verantwortung für das Ningpo-Krankenhaus übernahm«, schrieb Hudson Taylor, »hatte ich nicht im entferntesten damit gerechnet, daß ich je dazu aufgefordert werden würde. Noch weniger hätten Freunde daheim die Notwendigkeit voraussehen können.«

Doch der Herr hatte es vorausgesehen, wie die Ereignisse es beweisen sollten.

Als die Helfer, die von Dr. Parker zurückgelassen worden waren, von der veränderten Situation erfuhren, sowie daß nur für die Ausgaben des laufenden Monats Mittel zur Verfügung standen (hinterher würde das Gebet die einzige Einnahmequelle sein), beschlossen sie verständlicherweise, zu kündigen und ihre Stellen anderen Mitarbeitern freizumachen. Es war eine Veränderung, die Dr. Parker schon lange hatte durchführen wollen, nur hatte er nie gewußt, wie er andere Helfer bekommen sollte. Hudson Taylor wußte es. Mit leichtem Herzen wandte er sich an den kleinen Kreis von Gläubigen, der ihn nicht enttäuschte. Denn den Christen aus der Brückenstraße (Bridge Street) schien es ganz natürlich, dem Herrn nicht nur für geistlichen Segen zu vertrauen, sondern auch für zeitlichen. Schloß nicht das eine das andere ein? Und war Gott, wie ihr »Lehrer« sie so oft erinnert hatte, nicht ein wirklicher Vater, der die Not seiner Kinder nie vergessen konnte? So kamen sie zum Krankenhaus, froh darüber, nicht nur die Hände ihrer Missionarsfreunde stärken zu können. Einige taten dies, die anderen das. Einige gaben alle Zeit, die sie nur entbehren konnten. Andere stellten ihre ganze Zeit zur Verfügung, ohne ein Gehalts- oder Lohnversprechen zu haben, obwohl sie dann ein gewisses Entgelt erhielten. Und alle nahmen das Krankenhaus und seine Belange auf ihre Herzen und trugen es ihm Gebet.

Kein Wunder daher, daß eine neue Atmosphäre die Stationen und die Ambulanz zu durchdringen begann. Erklären konnten es sich die Patienten nicht – jedenfalls nicht zuerst –, doch erfreuten sie sich nichtsdestoweniger an der frohen, heimischen Atmosphäre und an dem Eifer, mit dem alles getan wurde. Denn diese Helfer – Wang, der Rasenschneider, Wang, der Maler, Ni, Neng-kuei und die anderen – schienen alle das Geheimnis fortwährenden Glücks zu kennen und konnten so viel weitergeben. Sie waren nicht nur freundlich und rücksichtsvoll in ihrer Arbeit, sondern sie widmeten all ihre Freizeit, ihnen von dem einen zu erzählen, der nicht nur ihr Leben verändert hatte, sondern der auch, wie sie sagten, jeden annimmt, der zu ihm kommt. Dann verteilten sie Bücher und Bilder und sangen Lieder. Alles schien tatsächlich wie beschwingt zu sein. Die täglichen Versammlungen in der Kapelle ließen einen immer noch nach mehr verlangen.

Es gibt nur wenige Geheimnisse in China. Die finanzielle Grundlage, auf der das Krankenhaus jetzt geführt wurde, gehörte ebenfalls nicht dazu. Bald wußten die Patienten alles darüber und warteten gespannt auf das Ergebnis. Das war auch etwas, worüber man nachdenken und reden konnte. Und als die Mittel, die Dr. Parker zurückgelassen hatte, verbraucht waren und Hudson Taylors eigene Mittel immer geringer wurden, gab es viele Vermutungen darüber, was nun wohl zunächst geschehen würde. Es ist wohl nicht nötig, extra zu erwähnen, daß Hudson Taylor und seine kleine Gruppe von Getreuen die ganze Zeit über ernsthaft beteten. Dieser Test war vielleicht sichtbarer und deshalb schwerer zu tragen als irgendeiner, den er je durchgemacht hatte. Er erkannte, daß der Glaube nicht weniger Christen auf dem Spiel stand, ebenso wie die Fortführung der Krankenhausarbeit. Doch Tag für Tag verging, ohne daß die erwartete Antwort kam.

Schließlich erschien eines Morgens Kuei-hua* der Koch, mit einer ernsten Nachricht für seinen Chef. Man hatte den letzten Sack Reis geöffnet. Der Vorrat nahm zusehends ab.

»Dann muß des Herrn Zeit, uns zu helfen, nahe bei der Hand sein«, erwiderte Hudson Taylor.

Und so war es auch. Denn bevor der Sack aufgebraucht war, erreichte den jungen Missionar ein Brief, der einer der ungewöhnlichsten war, die er je erhalten sollte.

Er war von seinem Freund Mr. Berger, und enthielt einen Scheck über fünfzig Pfund, wie andere Briefe auch, die vorher gekommen waren. Doch in diesem Fall stand in dem Brief weiterhin, daß dem Schreiber eine schwere Last aufs Herz gelegt worden war, die Last nämlich, seinen Reichtum für Gott einzusetzen. Bergers Vater war vor kurzem verstorben und hatte ihm ein beträchtliches Vermögen hinterlassen. Der Sohn wollte aber seine persönlichen Bedürfnisse nicht erhöhen, denn er hatte sein gutes Auskommen. Nun betete er

---

* Das war der gleiche treue Diener, der mit Hudson Taylor schon in Shanghai, Tsungming und anderswo gewesen war; jetzt war er ein froher Christ.

um die Führung des Herrn in dieser Angelegenheit. Konnten seine Freunde in China ihm helfen? Der beiliegende Scheck war für sofortige, notwendige Ausgaben. Würden sie ihm dann, nachdem sie darüber gebetet hatten, weitere Einzelheiten mitteilen darüber, ob sie weitere Mittel nützlich verwerten konnten?

Fünfzig Pfund! Da lagen sie auf dem Tisch. Und sein weitentfernter Freund, der nichts von dem letzten Sack Reis wußte noch von den Bedürfnissen des Krankenhauses, fragte tatsächlich, ob er noch weiteres schicken könne. Kein Wunder, daß Hudson Taylor von Dankbarkeit und Ehrfurcht völlig überwältigt war. Angenommen, er hätte sich geweigert, das Krankenhaus zu übernehmen, weil es nicht genug Mittel gab, oder vielmehr weil er nicht genug Glauben hatte? Kleinglauben – mit solchen Verheißungen und solch einem Gott!

In jenen Tagen gab es noch keine Heilsarmee, doch die Lob- und Preisversammlung in der Kapelle war mit ihren Gesängen und Freudenopfern wie eine Vorschau darauf. Und anders als die Heilsarmeeversammlungen mußte es eine kurze Dankesstunde bleiben, denn gab es nicht Patienten auf den Stationen? Und wie sie zuhörten, jene Männer und Frauen, die zeit ihres Lebens nichts als leeres, unbefriedigendes Heidentum gekannt hatten.

»Wo gibt es einen Götzen, der so etwas tun kann?« war die Frage auf vielen Lippen und in vielen Herzen. »Haben sie uns je in unserer Not geholfen oder auf solch eine Art Gebete erhört?«

# Kapitel 9
# Jahre im Verborgenen

»Ach, könnte ich diese retten!
Könnte ich umkommen, um sie zu retten,
könnte ich sterben, damit sie leben,
könnte ich aufgeopfert werden für sie.«

Aber diese ausfüllende, frohmachende Arbeit ging an denen, die damit beschäftigt waren, nicht spurlos vorüber. Innerhalb von neun Monaten waren sechzehn Patienten im Krankenhaus getauft worden, während mehr als dreißig andere sich um Aufnahme in eine der Ningpo-Gemeinden beworben hatten. Sechs Jahre in China, sechs solcher Jahre hatten ihre Spuren hinterlassen. Hudson Taylors Kräfte begannen nachzulassen.

»Menschen gehen verloren, und Gott segnet die Arbeit«, schrieb er an seinen Vater. »Doch wir reiben uns auf und müssen Hilfe haben . . . Weißt Du von irgendwelchen ernsthaften, treuen jungen Männern, die Gott in China dienen möchten? Die mit nicht viel mehr als ihrem Notwendigsten hierherkommen und arbeiten möchten? Ach, wenn ich doch nur vier oder fünf solcher Helfer hätte! Wahrscheinlich würden sie innerhalb von sechs Monaten beginnen, in Chinesisch zu predigen, und als direkte Gebetserhörung würde man auch die Mittel zu ihrem Unterhalt finden.«

»Menschen gehen verloren, und Gott segnet die Arbeit« – es war die Dringlichkeit dieser Tatsachen, die Hudson Taylor durch eine ernsthafte Krankheit brachten und das schmerzliche Abschiednehmen, als er 1860 als Invalide heimkam. Es war auch die Dringlichkeit dieser Tatsachen, die ihn in den folgenden Jahren aufrechterhielten, als es schien, daß die Ärzte rechtbehalten sollten, als sie meinten, er sei niemals mehr stark genug, um nach China zurückzukehren. Die große Not, so wie er sie gesehen hatte, und ein großes Verantwortungsbewußtsein brannten wie eine ständige Flamme in seiner Seele, weder sein schlechter Gesundheitszustand, Mutlosigkeit, noch irgendeine andere Schwierigkeit konnten in ihm den Ruf übertönen, den verlorengehenden Millionen Jesus Christus zu bringen.

Taylor ließ sich im Ostende Londons nieder, um in der Nähe seines alten Krankenhauses zu sein. Als sein Gesundheitszustand sich besserte, war er fähig, sein medizinisches Studium wieder aufzunehmen. Er machte es sich auch zur Aufgabe, das romanisierte Ningpo-Testament zu revidieren, nachdem sich die Bibelgesellschaft bereit erklärt hatte, eine neue Ausgabe herauszubringen. Und zeitweilig gab es auch eine Menge Korrespondenz mit jungen Männern, die China eventuell als Lebensaufgabe ansahen, mit dem Ergebnis, daß nur ein einziger hinausreiste, um den Jones in Ningpo* beizustehen. Doch allmählich schien das Interesse nachzulassen, und Mr. und Mrs. Taylor konnten nichts anderes tun, als mit einigen Freunden zusammen zu beten und geduldig zu warten. Mit 29 und 24 Jahren fiel es nicht leicht, einfach beseitegestellt zu werden, abgeschnitten von der Arbeit, die sie liebten, und in den Hintergassen dieses armseligen Londoner Stadtviertels zu leben. Doch ohne jene Jahre im Verborgenen mit ihren Prüfungen, in denen sie reifer wurden, – wie hätte ihr jugendlicher Eifer und ihre Begeisterung sich zur führenden Kraft entwickeln können?

Fünf lange Jahre im Verborgenen – wir hätten nur wenig von ihnen gewußt, wenn wir nicht in einer alten, staubigen Kiste eine Anzahl von Notizbüchern gefunden hätten, die mit Taylors Handschrift beschrieben waren. Eins nach dem anderen entdeckten wir unter vielem alten Gerümpel, bis die ganze Serie vor uns lag. Es waren zwölf an der Zahl, auch nicht eins fehlte. Und welch eine Geschichte entfaltete sich vor uns, als wir, manchmal blind vor Tränen, den vergilbten Seiten folgten!

Denn diese unerforschten Seiten offenbaren etwas von der wachsenden Innigkeit im Verhältnis zu Gott und die völlige Abhängigkeit von ihm. Glauben finden wir hier und Treue bis in die kleinsten Dinge, Hingabe und Selbstaufopferung, die unermüdliche Arbeit mit sich bringt. Vom Gebet lesen wir dort, vom geduldigen, beharrlichen Gebet, das wunderbar erhört wurde. Doch noch etwas anderes ist da: es ist der tiefe, fortwährende Kampf einer Seele, die nahe

---

1 Mr. James Meadows segelte 1862 nach China, drei Jahre vor der Gründung der China-Inland-Mission, der er 50 Jahre lang als Ehrenmitglied angehörte. Zwei seiner Töchter arbeiteten später ebenfalls in China und waren Mitglieder der Mission.

bei Gott sein möchte. Es ist die allmähliche Festigung und Bereitung eines Mannes, der dazu berufen war, im Glauben und nicht im Schauen zu wandeln; und das unaussprechliche Vertrauen eines Herzens, das sich ganz allein auf Gott verläßt, welches ihm so wohlgefällig ist.

»Ohne Glauben ist's unmöglich, Gott zu gefallen; denn wer zu Gott kommen will, der muß glauben, daß er sei und denen, die ihn suchen, ein Vergelter sein werde.«

Nach außen hin waren die Tage mit alltäglichen Pflichten erfüllt, mit Prüfungen und Freuden mancherlei Art dazwischen. Die kleine Tochter, die sie in Ningpo beglückt hatte, hatte jetzt drei jüngere Brüder bekommen. Für die Familie und die Kinder mußte nun mit sehr geringen Mitteln gesorgt werden. Oft wurde ihr Glaube geprüft; denn Mr. und Mrs. Taylor gingen auch weiterhin den Weg direkter Abhängigkeit von Gott. Die Arbeit in Ningpo mußte auch weitergeführt und versorgt werden und erforderte viel Korrespondenz. Die Revision des Neuen Testaments war eine Aufgabe, die eher zu- als abnahm, da nun auch Anmerkungen ausgearbeitet werden mußten, die das Testament enthalten sollte. Für die Ningpo-Christen erwies sich das als von großem Wert. Obwohl der Arbeitsaufwand beträchtlich war, brachte er dem jungen Missionar, der täglich viele Stunden über dem Worte Gottes zubrachte, viel Segen.

Die Arbeitslast, die er verkraftete, war erstaunlich. Man hätte es kaum glauben können, wenn nicht diese Aufzeichnungen vorgelegen hätten. Jeden Tag notierte Taylor die Zeit, die seiner Hauptaufgabe gewidmet war. Sehr oft finden sich Einträge wie die folgenden:

27. April,  Revision sieben Stunden (Abend in Exeter Hall)
28. April,  Revision neuneinhalb Stunden
29. April,  Revision elf Stunden
30. April,  Revision fünfeinhalb Stunden (Versammlungen der Baptistischen Missionsgesellschaft)
1. Mai,  Revision achteinhalb Stunden (Besucher bis 22 Uhr abends)
2. Mai,  Revision dreizehn Stunden
3. Mai,  Sonntag in Bayswater: morgens hörten wir Mr. Lewis über Johannes 3, 33 sprechen, nahmen dort das

Abendmahl am Nachmittag ein[1]. Verbrachte den Abend daheim im Gebet für unsere chinesische Arbeit

| 4. Mai, | Revision vier Stunden (Korrespondenz und Besucher) |
| 5. Mai, | Revision elfeinhalb Stunden |
| 6. Mai, | Revision sieben Stunden (wichtige Interviews) |
| 7. Mai, | Revision neuneinhalb Stunden |
| 8. Mai, | Revision zehneinhalb Stunden |
| 9. Mai, | Revision dreizehn Stunden |
| 10. Mai, | Sonntag: verbrachte den Morgen mit Lae-djun über Hebräer 11, erster Teil, und hatten eine wunderbare Zeit[2]. Schrieb an James Meadows. Am Nachmittag Gebet mit Maria über die Möglichkeit, dieses Haus zu verlassen, über Meadows, Truelove, die Revision etc. Schrieb an Mr. Lord[3]. |

Abends hörte ich Mr. Kennedy über Matthäus 27, 42: »Andern hat er geholfen, und kann sich selber nicht helfen.« Ach, dem sanftmütigen, langmütigen und liebevollen Jesus ähnlicher zu werden! Herr, gestalte mich mehr und mehr nach deinem Bilde.

Die Versammlungen und Besprechungen, die hier erwähnt sind, waren zu der Zeit eine von Mr. Taylors Hauptbeschäftigungen, denn er setzte sich ganz dafür ein, die verschiedensten Missionsgesellschaften dazu zu bringen, die Evangelisation des Inneren Chinas in Angriff zu nehmen. Allein oder mit seinem Mitarbeiter bei der Revision, Rev. F. F. Gough von der C. M. S., besuchte er die Sekretäre verschiedener Gesellschaften und stellte ihnen die Not jenes lange vernachlässigten Erntefeldes dar, das jetzt durch die Bewilligung von Reisepässen und Aufenthaltsgenehmigungen im Inneren zugänglich geworden war. Doch, obwohl er überall ein offenes Ohr

[1] Bayswater befindet sich im Westen von London, und dort wohnte zu der Zeit Taylors Schwester Amelia, die kurz zuvor B. Broomhall geheiratet hatte. Rev. W. G. Lewis war der Prediger der Baptistengemeinde, der Taylor als Mitglied beigetreten war.

[2] Lae-djun war einer der Ningpo-Christen, der sich freiwillig dazu bereit erklärt hatte, Mr. und Mrs. Taylor ohne Entgelt in ihrer Arbeit zu helfen. Die Verbindung trug viel zu seiner segensreichen Arbeit in den darauffolgenden Jahren als erster und langjähriger (dreißig Jahre lang) Pastor der China-Inland-Mission bei.

[3] Rev. E. C. Lord von Ningpo, der, obwohl er mit der Amerikanischen Baptistenmission verbunden war, noch nebenher Zeit fand, Jones bei der Betreuung der Bridge-Street-Gemeinde zu vertreten. Außerdem half er den Meadows viel nebenher. Jones mußte China aus gesundheitlichen Gründen verlassen und verstarb auf dem Wege nach England.

fand, wurde es offenbar, daß keine Missionsgesellschaft sich bereit finden würde, für ein solch großes Unternehmen die Verantwortung zu übernehmen.

All das wirkte sich natürlich auf Hudson Taylor aus. Als zu seinen persönlichen Kenntnissen gewisser Teile Chinas auch noch ein sorgfältiges Studium des ganzen Feldes hinzukam, erbrachte das ein überwältigendes Ergebnis. Denn sein Freund, Rev. Lewis, der Herausgeber des »Baptistischen Magazins«, hatte ihn gebeten, eine Reihe von Artikeln zu schreiben, um das Interesse an der Ningpo-Mission zu wecken. Diese hatte er begonnen vorzubereiten, einer war schon veröffentlicht worden. Da schickte Mr. Lewis das Manuskript des zweiten wieder zurück. Die Artikel waren zu wichtig und bedeutsam, so meinte er, um an ein gemeindliches Blatt gebunden zu sein.

»Schreiben Sie noch einiges hinzu«, drängte er. »Lassen Sie die Artikel das ganze Feld umfassen und dann als einen Appell für das Innere Chinas veröffentlichen.«

Dies führte zu einem ausführlichen Studium der geistlichen Not aller Teile Chinas sowie seiner außenliegenden Kolonien. Während Taylor sich in Ningpo befunden hatte, waren die unmittelbaren Pflichten und Beanspruchungen so groß gewesen, daß er nicht dazu gekommen war, sich viele Gedanken über die noch größere Not der angrenzenden Erntefelder zu machen. Doch jetzt, wo er täglich die Landkarte an der Wand seines Arbeitszimmers vor sich hatte sowie die offene Bibel, deren Verheißungen sein Herz ergriffen, war er den weiten Provinzen des Inneren Chinas so nahe wie den Gebieten, in denen er in Küstennähe gearbeitet hatte. Kein Wunder, daß »das Gebet dem tiefbeschwerten Herzen die einzige Erleichterung brachte«.

Doch die eigentliche Krise kam, als das Gebet keine Erleichterung mehr brachte, sondern ihn mehr und mehr an das Unternehmen zu binden schien, vor dem er doch zurückschreckte. Denn er begann im Lichte des offenen Wortes Gottes zu sehen, daß Gott ihn selbst in Erhörung seiner Gebete gebrauchen konnte.

»In mir vertiefte sich der Eindruck«, schrieb er, »daß Gott von mir erwartete, von ihm die benötigten Mitarbeiter zu erbitten und mit ihnen hinauszugehen. Doch eine lange Zeit hinderte mich der Unglaube daran, erste Schritte in der Richtung zu unternehmen . . .

Beim Studium des Wortes Gottes erkannte ich, daß nicht komplizierte Aufrufe zu helfen gute Mitarbeiter hervorbringen würden, sondern erstens das ernsthafte Gebet zu Gott, Arbeiter hinauszusenden, und zweitens die Vertiefung des geistlichen Lebens in der Gemeinde, so daß es Menschen unmöglich wurde, daheim zu bleiben. Ich erkannte, daß der apostolische Plan nicht vorsah, Mittel und Wege zu finden, sondern hinzugehen und die Arbeit zu tun und dabei seiner Verheißung zu vertrauen, der gesagt hat: ›Trachtet am ersten nach dem Reich Gottes und nach seiner Gerechtigkeit, so wird euch solches alles zufallen‹ . . .

Doch wie widersinnig ist der Unglaube immer! Ich hatte keine Zweifel darüber, daß Mitarbeiter gegeben werden würden, wenn ich im Namen des Herrn Jesus Christus darum betete. Ich hatte weiterhin auch keine Zweifel, daß in Erhörung auf das Gebet die Mittel zusammenkommen würden, damit wir ausreisen konnten, und daß sich vor uns Türen in den unerreichten Gebieten des Kaiserreiches öffnen würden. Doch hatte ich bisher nicht gelernt, dem Herrn auch für bewahrende Kraft und Gnade in bezug auf mich selbst zu vertrauen. So war es denn auch kein Wunder, daß ich ihm nicht vertrauen konnte, die anderen zu erhalten, die vielleicht willig wären, mit mir hinauszugehen. Ich befürchtete, daß unter den Gefahren, Schwierigkeiten und Prüfungen, die solch eine Arbeit notwendigerweise mit sich bringen würde, einige verhältnismäßig junge Christen zusammenbrechen würden, um mir dann bittere Vorwürfe zu machen, daß ich sie ermutigt hatte, solch einem Unternehmen beizutreten, dem sie nicht gewachsen waren.

Doch was sollte ich tun? Das Gefühl, eine Blutschuld auf mich zu laden, wurde immer intensiver. Weil ich mich einfach weigerte, um Mitarbeiter zu bitten, kamen auch keine und gingen auch keine nach China hinaus. Und jeden Tag gingen Zehntausende in jenem Land in eine christusferne Ewigkeit! Das verlorengehende China erfüllte mein Herz und meine Sinne so sehr, daß ich tagsüber keine Ruhe und nachts wenig Schlaf fand, bis meine Gesundheit sehr angegriffen war.«

Denn die verborgenen Jahre hatten ihr Werk vollbracht. Ein Werkzeug wurde zubereitet, das Gott gebrauchen konnte. Das anhaltende Gebet, das aus dem kleinen Haus im Osten Londons emporstieg, sollte eine plötzliche, doch unerwartete Erhörung erfahren.

# Kapitel 10
# Ein Mann, für Gott abgestellt

Wieder war es Sommer geworden, und im Ostteil Londons waren die Straßen heiß und staubig. Als ein alter Freund sah, daß Taylor nicht gut aussah, lud er ihn ein, ein paar Tage an der Küste in Brighton zu verbringen. Mrs. Taylor, die sich Gedanken über seine Gesundheit machte, war froh, ihn gehen zu sehen, obgleich sie nur teilweise den inneren Kampf verstand, den er durchmachte. Selbst ihr gegenüber konnte er nicht die ganze Not seiner Seele offenbaren, die fast unerträglich wurde.

So war er an jenem Sonntagmorgen am Strand von Brighton allein, wo er die Krise seines Lebens durchmachte. Er war mit anderen zur Kirche gegangen, doch der Anblick der vielen, die sich an ihrer Erlösung freuten, war mehr als er ertragen konnte. »Ich habe noch andere Schafe« – die Verlorenen und Verdammten in China, um deren Seelen sich niemand kümmert –, »dieselben muß ich herführen.« Und der Ton in des Meisters Stimme und die Liebe in des Meisters Gesicht flehte still.

Er wußte, daß Gott zu ihm redete. Er wußte, wie wir gesehen haben, daß Evangelisten für das Innere Chinas gegeben werden würden, wenn er seinem Willen nachgab und unter seiner Leitung betete. Um ihren Unterhalt hatte er keine Sorge. Er, der sie rief und aussandte, würde nicht versäumen, ihnen auch das tägliche Brot zu geben. Doch was wäre, wenn *sie* versagen sollten? Hudson Taylor stand keiner unbekannten Situation gegenüber. Er war mit den Verhältnissen in China vertraut, mit den Versuchungen, die sich einem in den Weg stellten. Der wahre Feind hatte sich auf seinem Grund und Boden verschanzt. Was würde werden, wenn Mitarbeiter niedergeschlagen sein würden und ihn dafür verantwortlich machten? »Durch meinen Unglauben brachte ich nur das Ich wieder herein; der Teufel ließ einen nämlich denken«, so erinnert er sich, »daß während Gebet und Glauben einen in eine Zwangslage brachten, man sich aus eigener Kraft wieder herausbringen müßte. Und ich sah einfach nicht, daß die Kraft, die die Männer und ihren Unterhalt geben würde, sie auch in den großen inneren Weiten Chinas halten und tragen konnte.«

In der Zwischenzeit starben Millionen in jenem großen, wartenden Land – sie starben ohne Gott. Das brannte sich tief in seine Seele hinein. Eine Entscheidung mußte getroffen werden! Er wußte es, denn der Konflikt war nicht länger zu ertragen. Es war verhältnismäßig leicht, um Mitarbeiter zu beten, doch konnte er die Last der Führung übernehmen?

»In großer geistlicher Qual wanderte ich hinaus an den Strand. Und dort überwand der Herr meinen Unglauben. Ich übergab mich Gott für seinen Dienst. Ich sagte ihm, daß alle Verantwortung für die Arbeit und alle Folgen auf ihm ruhen müßten; daß es mir als seinem Diener oblag, zu gehorchen und ihm zu folgen, und ihm, mich zu führen, für mich zu sorgen und mich zu leiten, mich und alle jene, die mit mir arbeiten würden. Muß ich noch hinzufügen, daß der Friede sofort in mein schwer beladenes Herz strömte?

Da und dort bat ich ihn um vierundzwanzig Mitarbeiter, zwei für jede der elf Provinzen, die ohne einen Missionar waren, und zwei für die Mongolei. Nachdem ich diese Bitte auf den Rand der Bibel geschrieben hatte, die ich bei mir hatte, wandte ich mich mit friedevollem Herzen heimwärts, einem Frieden, der mir monatelang fremd gewesen war. Ich hatte die Zusicherung, daß Gott sein Werk segnen würde und ich an diesem Segen Anteil nehmen würde . . .

Der Konflikt war beendet. Alles war Friede und Freude. Ich meinte, den Hügel zu Pearces Haus hinauffliegen zu können. Und wie schlief ich in jener Nacht! Meine liebe Frau dachte, daß Brighton Wunder gewirkt hatte, und in der Tat hatte es das.«

# Kapitel 11
# Ein Mann, von Gott gesandt

»Verlaß dich auf den Herrn,
so wirst du sicher wandeln,
richt fest den Blick auf sein Werk,
so wirst du für ihn handeln.«
Paul Gerhardt

Glücklich ist der Mann, der, dazu berufen, im Glauben voranzu-
schreiten, in seiner Lebensgefährtin nur Verständnis und Hilfe findet. Siebeneinhalb Jahre – und sie waren vollkommene Ehejahre gewesen – war Hudson Taylor von der Frau, die er liebte, nie enttäuscht worden, und auch jetzt enttäuschte sie ihn nicht. Von zarter
Gesundheit und erst achtundzwanzig Jahre alt, hatte Mrs. Taylor
alle Hände voll zu tun, um für vier kleine Kinder zu sorgen. Doch
kaum erfuhr sie von ihres Mannes Ruf zu der großen, scheinbar un-
möglichen Aufgabe, das Innere Chinas zu evangelisieren, da wurde
sie erneut sein Trost und seine Hilfe. Sie schrieb eigenhändig für
ihn, ihr Glaube stärkte den seinen, ihre Gebete untermauerten die
ganze Arbeit, und ihre praktische Erfahrung und ihr liebendes Herz
machten sie zur Mutter der Mission.

Denn bald begann das größere Haus in der Coborn Street, in das sie
eingezogen waren, sich mit Bewerbern für China zu füllen. Die
Wohnräume, die so geräumig erschienen waren, konnten nun kaum
all die Freunde aufnehmen, die sich am Samstagabend zum Gebet
versammelten. Die fünfzig Dollar (alles, was er besaß), mit denen
Hudson Taylor ein Bankkonto im Namen der nun neugegründeten
»China-Inland-Mission« eröffnete, wuchs durch die freiwilligen,
unerbetenen Spenden und Gaben jener, die Anteil an der Arbeit haben wollten, in die Hunderte. Pläne zur Ausreise der ersten Gruppe
wurden geschmiedet.

Man stelle sich also das Wohnzimmer in der Coborn Street Nr. 30
am Sonntag vor, dem einzigen Tag, an dem Hudson Taylor zum
Schreiben genügend Zeit fand. Am Tisch sitzt seine Frau mit dem

Federhalter in der Hand, während er hin und her geht, versunken in das Thema, das auf ihren Herzen liegt. Denn die Artikel, die Lewis vorschlug, haben eine neue Bedeutung gewonnen. Es sollen darin nicht nur eine Not bekanntgemacht werden, sondern eine neue Linie, nämlich das bestimmte Bestreben, dieser Not in der Abhängigkeit von Gott abzuhelfen. »Chinas geistliche Not und Ansprüche« war eine Broschüre, die entstand, während sie beteten und schrieben. Und vielleicht hat sich kein Buch der Neuzeit als wirkungsvoller erwiesen, die Herzen der Kinder Gottes anzurühren. Wie viele sich auf den Weg nach China machten, als eine Ausgabe nach der anderen herauskam, wie viele dadurch in der ganzen Welt für die Missionsarbeit offen wurden und wie viele im Glauben gestärkt und zum Gebet und zur Hingabe bewegt wurden, wird man erst wissen, wenn alle Herzensgeheimnisse offenbar werden. »Jeder Satz wurde im Gebet geboren«, und jeder Satz schien von der Kraft Gottes durchdrungen zu sein.

Das Buch gewann viele Freunde und öffnete viele Türen. Es mußte drei Wochen nach seinem Erscheinen neu aufgelegt werden. Briefe wie der folgende von dem verstorbenen Lord Radstock gingen daraufhin ein:

»Ich habe Ihre Broschüre gelesen und bin sehr bewegt worden. Ich hoffe, daß der Heilige Geist Sie dazu befähigt, Worte zu sprechen, die viele Arbeiter in den Weinberg senden werden. Lieber Bruder, weiten Sie Ihren Blick! Bitten Sie um hundert Mitarbeiter, und der Herr wird sie Ihnen geben*.

Doch nicht hundert, sondern erst vierundzwanzig waren das erste Ziel. Vor uns liegt jetzt eine Bibel, in der das Gebet in Taylors klarer, wenn auch verblaßter Handschrift niedergeschrieben ist. Er war von der Entwicklung der Dinge durchaus nicht hoch erfreut, denn der Erfolg machte ihm nur seine Verantwortung noch bewußter. In jenem denkwürdigen Winter war also ein Mann unterwegs mit der Botschaft Gottes auf dem Herzen, der anderen die gleiche Botschaft aufs Herz legte.

Denn in jenen Tagen schien es etwas Neues zu sein, vom Glauben

---

* Dieser überraschende, doch voraussichtige Vorschlag wurde von einer großmütigen Spende von 500 Dollars begleitet. Lord Radstock erlebte es noch, daß Hudson Taylor tatsächlich um hundert Mitarbeiter in einem Jahr bat und daß sie als Antwort auf das Gebet auch gegeben wurden.

als einer ausreichenden Grundlage für ein Missionsunternehmen am anderen Ende der Welt zu reden. Von »Glaubensmissionen« hatte man noch nichts gehört.

Die einzigen Missionsorganisationen, die damals existierten, waren die regulären, gemeindlichen Gesellschaften. Doch obwohl Hudson Taylor noch jung war, hatte er Gott auf wahrhaftige Weise kennengelernt. Er hatte ihn in Erhörung auf Gebete den tobenden Sturm auf See stillen sehen, hatte erlebt, wie er dem Wind eine andere Richtung gab und Regen zur Zeit der Dürre schickte. Er hatte ihn als Antwort auf das Gebet, potentiellen Mördern Einhalt gebieten sehen wie auch dem Zorn wutentbrannter Menschen. In Antwort auf das Gebet hatte er ihn Krankheit nehmen und Sterbenden helfen sehen, wenn es kaum noch Hoffnung gab*. Und in Antwort auf Gebete hatte er erlebt, wie er in seiner Treue alle Bedürfnisse seiner Familie stillte, wenn auch viele Nöte unvorhergesehen gewesen waren. Wie konnte er umhin, andere zu ermutigen, ihr Vertrauen in die Liebe zu setzen, die nicht vergessen kann, in die Treue, die nie versagt?

»Wir haben es mit einem zu tun«, erinnerte er seine Zuhörer, »der der Herr ist aller Macht und Kraft, dessen Hand nicht zu kurz ist, daß er nicht helfen könnte; dessen Ohren nicht hart geworden sind, daß er nicht hörte; mit einem, dessen unveränderliches Wort uns dazu auffordert, zu bitten, damit unsere Freude vollkommen werde; unseren Mund zu öffnen, damit er ihn füllen kann. Und wir tun gut daran, uns zu erinnern, daß dieser gnädige Gott, der sich dazu herabgelassen hat, seine allmächtige Kraft auf das gläubige Gebet hin zur Verfügung zu stellen, die Blutschuld all derjenigen nicht leichtnimmt, die es versäumen, sich dieser Kraft zur Errettung der Verlorenen zu bedienen . . .

Denjenigen, die noch nie dazu gekommen sind, die Treue eines Gottes zu prüfen, der seinen Bund hält . . . mag es ein gefährliches Unternehmen erscheinen, vierundzwanzig europäische Evangelisten in ein fernes, heidnisches Land auszusenden, nur mit dem Blick auf Gott. Doch in einem Menschen, dessen Vorrecht es gewesen ist, diesen Gott über viele Jahre hindurch zu prüfen – daheim oder in

---

* Einzelheiten dieser Erlebnisse sind in Hudson Taylors ausführlicherer Biographie enthalten. H. u. G. Taylor, Hudson Taylor. Ein Mann, der Gott vertraute.

der Fremde, auf Land oder Meer, in Krankheit oder Gesundheit, in Gefahren, Nöten und selbst an der Pforte des Todes –, für solch einen Menschen wären solche Befürchtungen unentschuldbar.«

Die Arbeit, die sie unternehmen wollten, war viel zu groß, um an eine einzige Denomination gebunden zu sein. Die Tatsache, daß die Mission keine Gehälter bereitstellte, war in sich selbst genug, um alle außer denen abzuhalten, die mit Gott sichere Erfahrungen gesammelt hatten. Solche Seelen sind miteinander in mehr Belangen verbunden als nur dem Namen nach.

»Wir mußten uns überlegen«, fuhr Mr. Taylor fort, »ob es Mitgliedern aus verschiedenen Denominationen (Glaubensrichtungen) nicht möglich sein würde, auf der Grundlage einfacher, evangelistischer Richtlinien zusammenzuarbeiten ohne Spannungen bei unterschiedlichen Meinungs- und Gewissensfragen. Im Gebet wurde uns klar, daß dies möglich sei. So beschlossen wir, um die Mitarbeit von gleichgesinnten Gläubigen zu ersuchen, unabhängig von Glaubensrichtung und Gemeindezugehörigkeit, die aber dennoch an die Inspiration des Wortes Gottes glaubten und willig waren, ihren Glauben unter Beweis zu stellen, indem sie nur mit der Garantie, die sie in ihren Bibeln mit sich trugen, ins Innere Chinas gingen.

Das Wort sagt: ›Trachtet am ersten nach dem Reich Gottes und nach seiner Gerechtigkeit, so wird euch solches alles zufallen.‹ Wenn jemand nicht glaubte, daß Jesus die Wahrheit sprach, sollte er lieber nicht nach China gehen, um diesen Glauben weiterzuverbreiten. Glaubt er jedoch daran, dann genügte die Verheißung. Wiederum haben wir die Zusicherung: ›Er wird kein Gutes mangeln lassen den Frommen.‹ War jemand nicht fromm, so sollte er lieber daheim bleiben. Wollte er fromm leben, dann hatte er alles, was er brauchte, in Gestalt eines garantierten Fonds. Gott gehört alles Gold und alles Silber dieser Welt, und das Vieh auf den Bergen, da sie bei tausend gehen. Wir brauchten keine Vegetarier zu sein!

Wir hätten tatsächlich einen garantierten Fonds haben können, hätten wir das gewünscht. Doch wir meinten, es sei unnötig und würde nur stören. Vor Geld, das in falsche Richtungen gelenkt und aus falschen Motiven gegeben wurde, sollte man sich hüten. Wir können es uns leisten, so wenig zu haben, wie Gott uns geben möchte, doch können wir es uns nicht leisten, ungeweihtes Geld zu haben oder

Geld falsch anzuwenden. Weit besser ist es, kein Geld zu haben, selbst um damit Brot zu kaufen. Es gibt viele Raben in China, die Gott wieder mit Fleisch und Brot herbeischicken könnte . . . Er versorgte drei Millionen Israelis vierzig Jahre lang in der Wüste. Wir erwarteten nicht von ihm, drei Millionen Missionare nach China zu senden, doch wenn er es täte, hätte er auch die Mittel und Wege, alle drei Millionen zu versorgen.

Laßt uns darauf achten, Gott uns vor Augen zu halten; damit wir auf seinen Wegen wandeln und versuchen, ihm wohlgefällig zu sein und ihn in großen und kleinen Dingen zu verherrlichen. Verlaßt euch darauf: Gottes Werk auf Gottes Weise getan, wird nie Gottes Versorgung missen.«

Etwas beschäftigte Hudson Taylor sehr, und das war, daß das neue Unternehmen keine Männer oder Mittel von schon bestehenden Gesellschaften abwerben sollte. Den einen zu berauben, um den andern zu bezahlen, würde der Arbeit Gottes in keiner Weise Vorteile bringen. Es wurde geplant, Mitarbeitern den Weg zu öffnen, die von anderen Missionen nicht angenommen worden waren und deren Ausbildung kein Universitätsstudium einschloß. Doch niemand sollte gebeten werden, der China-Inland-Mission beizutreten. Wenn der Herr sie auf jenem Feld wollte, würde er ihnen aufs Herz legen, sich anzubieten. In gleicher Weise sollte es keine Bitten um Geld geben. Wenn die Mission in Erhörung auf das Gebet aufrechterhalten werden sollte, ohne Abonnementlisten oder Bitten um irgendwelche Mittel, würde sie unter den älteren Gesellschaften bald einen Platz einnehmen ohne die Gefahr, Gaben aus gewohnten Quellen abzuziehen. Es konnte sogar von Nutzen sein, die Aufmerksamkeit auf den großen Wirker zu lenken und damit ein praktisches Beispiel für das grundlegende Prinzip Gottes zu geben, daß Gott allein für Gottes Werk genügsam ist.

Sonst waren sie, was Organisation anbetraf, mit wenigem zufrieden. Es war wunderbar, wie Vorsorge getroffen wurde für die Arbeit daheim. In Mr. und Mrs. Berger von Saint Hill waren ihnen Freunde geworden, die die Arbeit fast so wie Hudson Taylor und seine Frau auf ihre Herzen nahmen. Sie beteten und lebten dafür mit gleicher Hingabe und machten ihr schönes Heim zum Zentrum aller Missionsinteressen.

»Als ich mich entschloß, hinauszugehen«, sagt Taylor von diesem Verhältnis, »übernahm Berger es, uns zu Hause zu vertreten. Das ergab sich allmählich so. Wir wurden sehr miteinander verbunden. Die Mission erhielt in seinem Wohnzimmer ihren Namen. Keiner von uns bat oder bestimmte den anderen – es ergab sich einfach so.«

Wesentliche geistliche Prinzipien wurden mit den Kandidaten durchgesprochen und als Basis der Mission klar verstanden. Einige wenige Absprachen wurden schriftlich niedergelegt in Mr. Bergers Gegenwart. Das war alles.

»Als Gottes Kinder gingen wir auf Gottes Befehl hinaus«, war Taylors einfache Aussage, »um Gottes Werk zu tun, und verließen uns wegen unserer Versorgung auf ihn. Wir wollten einheimische Kleidung tragen und ins Innere gehen. Ich sollte der Leiter der Mission in China sein . . . Es gab keine Frage, wer strittige Punkte entscheiden mußte.«

In gleicher Weise war Berger zu Hause verantwortlich. Er korrespondierte mit Kandidaten, nahm Spenden in Empfang und leitete sie weiter, veröffentlichte ein Nachrichtenblatt mit Rechnungsauszügen, sandte, je nach dem, ob die Mittel es zuließen, Verstärkung nach draußen und versuchte, schuldenfrei zu bleiben. Das letzte war ein Hauptprinzip bei allen[*].

»Gott kann genausogut im voraus geben«, stellte Taylor heraus, »und das zieht er sogar vor. Er ist zu weise, um sein Werk unter dem Mangel selbst einer kleinen Geldsumme leiden zu lassen; doch Geld, das auf ungeistliche Weise erlangt wurde, ist unweigerlich ein Segenshindernis.«

Es gab viele Probleme, die nur aus Erfahrung gelöst werden konnten. Bergers praktischer Sinn kam ihnen oft zugute. Er war Geschäftsmann – Hersteller von Stärkemehl – und stand einem gutgehenden Geschäft vor.

Er wußte, daß, wie die Bäume auf seinem Anwesen, eine lebendige Sache aus sich wächst.

[*] Von Anfang an wurde es klargemacht, daß Taylor für sich und seine Familie nie Mittel aus dem Missionsfonds nahm. Dennoch hatte er die Freude, wie der Herr es gab, zur Unterstützung der Mission beträchtlich beizutragen. »Als die Armen, aber die doch viele reich machen.«

»Du mußt darauf warten, daß ein Baum wächst«, sagte er in diesem Zusammenhang, »bevor es viele Zweige geben kann. Zuerst ist da nur ein schlanker Stamm mit wenigen Blättern oder Sprößlingen. Dann erscheinen kleine Zweige und werden schließlich zu großen, fast so wie selbständige Bäume. Doch das braucht Zeit und Geduld. Wenn es Leben gibt, dann wird es sich nach seiner eigenen Ordnung entwickeln.«

Die vielen Gebetserhörungen, die sie erlebten, als die erste Gruppe der Mission sich zum Aussegeln bereitmachte, können hier nicht beschrieben werden. Sie waren jedoch wunderbar! Eine Anzeige mußte in das erste Nachrichtenblatt gesetzt werden, die besagte, daß die gesamte Summe, die für die Überfahrt und zur Ausrüstung benötigt wurde, schon zur Hand war. Doch hinter diesen Erfahrungen standen die täglichen Mittagsgebetsstunden in Taylors Haus, die wöchentlichen Gebetsversammlungen dort und in Saint Hill sowie besondere Gebets- und Fastentage. Das alles brachte einen engen und beglückenden Wandel mit Gott mit sich.

Menschliche Nichtigkeit, göttliche Hinlänglichkeit – das eine so wirklich wie das andere – kennzeichneten die Atmosphäre der letzten Tage in der Coborn Street. Freunde, die kamen und gingen, konnten nicht umhin, das zu fühlen. Zwischen Kisten und Bündeln wurden die letzten Gebetsversammlungen abgehalten, Menschen drängten sich in den Räumen und auf der Treppe und saßen auf allem, was zur Hand war. An der Wand hing noch die Landkarte, auf dem Tisch lag die offene Bibel.

»Unser großer Wunsch und unser Ziel ist es«, so hatte Taylor von der neuen Mission geschrieben, »das Kreuz in allen elf noch unerreichten Provinzen und in der chinesischen Tatarei aufzurichten.«

»Ein tollkühnes Unterfangen«, sagten diejenigen, die nur die Schwierigkeiten sahen.

»Eine übermenschliche Aufgabe«, seufzten diejenigen, die ihnen wohlwollten. Und viele, selbst ihre Freunde, konnten nicht umhin, besorgt zu sein.

»Ihr werdet vergessen werden«, war die Sorge anderer. »Ohne Komitee oder Organisation vor der Öffentlichkeit werdet ihr in jenem fernen Land aus den Augen verloren werden. Die Forderungen sind heutzutage groß. In kürzester Zeit findet ihr euch vielleicht ohne die lebensnotwendigsten Dinge!«

»Ich nehme meine Kinder mit«, war die ruhige Antwort, »und ich weiß, daß es nicht schwerfällt, daran zu denken, daß sie morgens ein Frühstück brauchen, mittags ein Mittagessen und abends ein Abendbrot. Wahrlich, ich könnte sie nicht vergessen, selbst wenn ich es versuchte. Und so finde ich es unmöglich zu glauben, daß unser himmlischer Vater weniger liebevoll und besorgt um seine Kinder ist, als ich um die meinen, ich, der ich nur ein armer, irdischer Vater bin. Nein, er wird uns nicht vergessen!«

Und seitdem ist dieses Vertrauen durch alle Jahre hindurch, mit allem, was sie gebracht haben, völlig gerechtfertigt worden.

# Kapitel 12
# Geistliche Dringlichkeit

»Menschen sterben neben dir im Dunkeln,
ohne Hoffnung sinken sie ins Grab,
nimm die Fackel und leuchte,
die Fackel, die die größte Dunkelheit
durchdringt.«
H. Bonar

Daß es eine erhaltende Kraft hinter den Leitern und vielen der ersten Missionare gab, ging aus den Berichten der nächsten Jahre klar hervor. Man kann nicht umhin, von der geistlichen Dringlichkeit beeindruckt zu sein, die sie charakterisierte – eine große, zweiseitige Dringlichkeit, die sie durch alle möglichen Schwierigkeiten und Prüfungen trug. Da war zuerst die Liebe zum Herrn Jesus Christus, die sie das Vorrecht rühmen ließ, ihn in der Gemeinschaft seiner Leiden auf neue, tiefempfundene Weise kennenzulernen, und gleicherweise war in ihnen seine drängende Liebe für die Seelen der Verlorengehenden, die um sie waren. Es mag in diesen Tagen altmodisch klingen, von Seelen, verlorengehenden Seelen zu reden, die Erlösung brauchen. Doch die Theologie von Johannes 3, 16 ist eine motivierende Kraft, die Ergebnisse in Gläubigen und durch Gläubige hervorbringt, die mit aller Weisheit und allen Möglichkeiten der Welt nicht vergleichbar sind.

»Also hat Gott . . . geliebt, daß er seinen eingeborenen Sohn gab, auf daß alle, die an ihn glauben, nicht verloren werden, sondern das ewige Leben haben.«

Wir mögen in diesen Tagen mehr Reichtum, bessere Ausbildungsmöglichkeiten, größeren Komfort bei unseren Reisen und in unseren Lebensbedingungen haben, selbst als Missionare, doch haben wir auch jenen Geist der Dringlichkeit, die tiefe, innere Überzeugung, die jene motivierte, die vor uns waren? Haben wir die gleiche leidenschaftliche Liebe, die persönliche Liebe zum Herrn Jesus Christus? Wenn all dies fehlt, läßt sich das durch nichts ersetzen.

Über die tiefdunkle See, über die uferlose Flut
ist eine kleine Schar zum Dienste ihres Gottes gereist.
Die einsame Wasserwüste überqueren sie, um in dem fernen Lande
Sinim (China)
Immanuels rettenden Namen zu verkünden.
Sie haben aus dem Fernen Osten die Stimme des Blutes ihrer Brüder
gehört:
eine Million im Monat sterben in China ohne Gott.

Keine Hilfe haben sie als Gott allein; allein aus des Vaters Hand
erwarten sie, mit all ihren Bedürfnissen versorgt zu werden.
Die Fülle der ganzen Welt ist sein; » alle Macht« im Himmel und auf
Erden.
Sie sind stark, doch schwach, sind reich, doch arm in der Verhei-
ßung, die er gegeben hat.
»Es ist genug!« ertönt der Schrei, die Stimme des Blutes ihrer Brü-
der: eine Million im Monat sterben in China ohne Gott*.

Eine Seereise auf einem Segelschiff mit weniger als 800 Tonnen war
für eine Gruppe von sechzehn Missionaren und vier kleinen Kindern kein geringfügiges Unternehmen. Doch vor der Reise war viel
gebetet worden, nicht nur um Bewahrung auf dem Wege, sondern
auch für die Mannschaft, daß Gott sein Wort an ihnen segnen
würde. Man benutzte einen Tag dazu, in den Kabinen alles zu rich-
ten und zu verstauen, dann begann man mit dem Studium des Chinesischen. Hudson Taylor unterrichtete morgens und seine Frau
nachmittags. Zeitweilig waren alle Studenten seekrank, und die
Lehrer mußten den Dienst eines Stewards und einer Stewardeß versehen. Doch erwiesen sich die meisten bald als seetüchtig, die Jüngeren besonders standen bald auf Seemannsbeinen. Wie jung waren
sie doch alle! Ihr Leiter mit vierunddreißig war ihnen als der Älteste
der Gruppe weit voraus.

Die beengten Verhältnisse auf dem kleinen Segelschiff waren für alle
eine echte Prüfung. Es fiel der Schiffsmannschaft nicht schwer, zu
erkennen, wie diese Passagiere ihrer Berufung entsprechend lebten.
Man braucht wohl kaum zu erwähnen, daß man sie scharf beobach-

* Aus Versen Rev. Grattan Guiness während der Überfahrt der ersten Gruppe der
China-Inland-Mission, 26. Mai 1866.

tete, bei ihrer Arbeit sowohl als auch bei ihrer Freizeitbeschäftigung. Die Missionare beteten und warteten, während sie alles versuchten, um die Reise für die Schiffsmannschaft so angenehm wie möglich zu machen. Dann ersuchten die Matrosen von selbst die Missionare, Versammlungen abzuhalten, und so begann ein Werk Gottes, das in der Bekehrung eines großen Teils der Mannschaftsmitglieder gipfelte. Es ist ein wunderbarer Bericht, den man aus Briefen, die in jener Zeit geschrieben wurden, entnimmt, und aus ihm geht deutlich hervor, daß die Pioniere der Mission für nichts anderes lebten, als Menschen für Jesus Christus zu gewinnen. Sie waren durchaus nicht fehlerfrei. Man liest von Versagen, das die Segensströme behinderte. Doch dies wurde nicht einfach hingenommen. Es wurde mit einer Aufrichtigkeit bedauert und bekannt, die die Gemeinschaft mit dem Herrn wiederherstellte.

Dann schien es, als ob der große Widersacher, der »Fürst, der in der Luft herrscht«, sich verschworen hätte, das Schiff mit allen Insassen in den Grund zu bohren, nachdem es ihm nicht gelungen war, das Zeugnis der Gruppe zu zerstören. Es war nichts weniger als ein Wunder, daß sie ihren Bestimmungsort erreichten, denn den ganzen Weg durch das Chinesische Meer wurden sie von Sturm und Unwetter schwer heimgesucht. Fünfzehn Tage lang tobte ein Taifun nach dem anderen um sie, bis das Schiff fast nur noch ein Wrack war.

»Die Lage scheint wirklich bedrohlich zu sein«, schrieb Taylor nach zwölf Tagen dieses Erlebnisses . . . Hin- und herschwingend zerrissen die Masten und Rahen bei schwerer See unser einziges Segel . . . und schlugen wie ein Rammbock gegen die Hauptrahe. Das Deck, vom Vorderdeck zum Heck, wurde ständig von der schweren See überrollt. Das Brüllen des Sturmes und die schwere See, das Klirren von Ketten, das Hin- und Herschlagen der Taue und Masten und das scharfe Knattern der zerrissenen Segel machten es fast unmöglich, irgendwelche gegebenen Befehle zu hören.«

Drei Tage später wurde die Gefahr noch größer, da überall im Schiff schnell Wasser eindrang. Die Feuer waren alle gelöscht, kochen war unmöglich. Für eine Weile gab es kein Trinkwasser. Die Frauen arbeiten ebenso wie die Männer an den Pumpen. Doch in all dem wurde das Gebet um Bewahrung wunderbar erhört, so daß kein Leben verlorenging und es keine ernsthaften Verletzungen gab. Fest in dem Frieden ruhend, der höher ist denn alle Vernunft, war es selbst der Mutter, die sich Sorgen um ihre Kinder machte, möglich zu schreiben, daß sie die Erfahrung Habakuks machte wie nie zuvor, nämlich »aber ich will mich freuen des Herrn und fröhlich sein in Gott, meinem Heil«.

Nicht weniger wunderbar waren die Gebetserhörungen, als sich die Gruppe, mit chinesischer Kleidung angetan, von Shanghai aus auf den Weg machte, um sich im Innern niederzulassen. Sie reisten in Hausbooten. So waren die Frauen und Kinder vor neugierigen Gaffern geschützt, als sie Stadt um Stadt passierten. Währenddessen waren Bemühungen im Gange, Häuser für einige der jungen Männer zu finden, wo sie sich niederlassen konnten. Doch nur Enttäuschungen erwarteten sie. Immer wieder schien es, daß sie Erfolg hatten, doch dann wurden die Verhandlungen abgebrochen, und sie mußten als ganze Gruppe weiterreisen bis nach Hangchow. Zwei oder drei Missionarsfamilien hatten sich schon in jener Stadt niedergelassen. Es hätte für sie wie auch für die Neuankömmlinge ein großes Risiko bedeutet, hätte das Eintreffen einer solch großen Gruppe Opposition hervorgerufen. Doch was sollten sie tun? Der Herbst war weit vorgeschritten, die Nächte auf dem Wasser wurden bitter kalt. Einige aus der Gruppe waren mehr oder weniger krank, und die Bootsmannschaft verlangte, zum Winter nach Hause zurückzukehren. Nie hatte Taylor seine Verantwortung mehr erkannt als jetzt, da er das Boot an einem stillen Ort außerhalb der Stadt ließ, um die so dringend benötigte Unterkunft zu suchen.

Mrs. Taylor erkannte den Ernst der Lage nicht weniger, während sie in stillem, vertrauensvollem Glauben die jungen Missionare zum Gebet versammelte und ihnen den Trost weitergab, den sie an jenem Morgen aus dem Psalmwort in ihrer regelmäßigen Bibellese empfangen hatte: »Wer will mich führen in eine feste Stadt? Wer wird mich leiten bis nach Edom? Wirst du es nicht tun, Gott? . . . Schaffe uns Beistand in der Not; denn Menschenhilfe ist nichts nütze.« Zusammen lasen sie jetzt diese Stelle, und das Gebet, das darauf folgte, verwandelte eine Stunde angstvollen Wartens in eine Gemeinschaft, die noch lange in Erinnerung blieb.

Konnte das Taylors Stimme sein, die die Bootsmannschaft draußen rief? Konnte er denn so schnell zurück sein? Und welche Nachricht würde er bringen? »Und soll geschehen, ehe sie rufen, will ich antworten; wenn sie noch reden, will ich hören.« Ja, alles war in Ordnung! Ein Haus war bereit und wartete auf sie. Einer der Hangchow-Missionare war abwesend und hatte Nachricht hinterlassen, daß sein bequem eingerichtetes Haus Mr. Taylor und seiner Gruppe zur Verfügung stand. An einer stillen Straße gelegen, konnte es ohne viel Aufhebens mit dem Boot erreicht werden, und in jener Nacht ruhten die müden, doch dankbaren Reisenden in der großen Stadt aus.

Innerhalb der nächsten Tage gelang es Hudson Taylor trotz der üblichen Schwierigkeiten, ein eigenes Haus für sie zu mieten, ein großes, weiträumiges Haus, das einmal die Residenz eines Mandarins gewesen war. Mittlerweile war es zu einem wahren Irrgarten geworden und wurde von einer Reihe von Familien bewohnt. Man konnte gut etwas daraus machen. Da die neuen Mieter das Haus nur teilweise mit Beschlag belegen konnten, war es ihnen möglich, ohne viel Aufhebens Missionsarbeit in ihren eigenen vier Wänden zu tun. Ein überfließendes, liebendes Herz braucht nicht vieler Worte, und Miss Faulding, die Jüngste aus der Gruppe, konnte sich schon mit den Frauen verständigen.

»Wir haben das Haus ein wenig bequemer eingerichtet«, schrieb sie Mitte Dezember, »obwohl es noch viel zu tun gäbe. Mr. Taylor und die jungen Männer haben auf hölzernen Rahmen Zimmerdecken aus Papier zurechtgezimmert, die die kalte Luft etwas abhalten, denn die Räume oben haben Dächer, wie man sie daheim in Kirchen findet. Auch haben sie einige Zwischenwände zwischen den Zimmern tapeziert. Natürlich herrscht noch ein Durcheinander, doch es geht weiter, und ich hoffe, daß wir uns eines Tages eingelebt haben.

Die anderen Mieter sollen nächste Woche ausziehen. Sie wohnen hauptsächlich im Parterre . . . Ich bin so froh, daß sie hier waren, denn viele von ihnen sind zu den chinesischen Gebetsversammlungen gekommen und haben aufmerksam zugehört. Wir hätten Besuche außerhalb noch nicht machen können . . . so las ich jenen Frauen jeden Tag vor und sprach mit ihnen, und sie schienen es gern zu haben. Für eine Frau habe ich große Hoffnung, daß sie zu Jesus findet.«

Vor Weihnachten waren fünfzig bis sechzig Personen bei den Sonntagsgottesdiensten anwesend, und Taylor hatte wenigstens eine evangelistische Reise unternommen. In der Nachbarstadt Siaoshan hatten er und Meadows ausgezeichnete Gelegenheiten gefunden, das Evangelium zu predigen. Außerdem war es ihnen gelungen, ein kleines Haus dort zu mieten in der Absicht, einige von den Neuankömmlingen so bald wie möglich dorthin auszusiedeln. Seine Briefe an Mr. Berger lassen etwas von dem Geist erkennen, mit dem sie ihre große Aufgabe angingen.

»Sie werden erfreut sein, zu erfahren, daß die Möglichkeiten, Post zu schicken und Geld zu überweisen mit der einheimischen Post . . . selbst in das Innere sehr gut sind. Ich glaube nicht, daß es Schwierigkeiten geben wird, Geld in irgendeine Provinz des Kaiserreiches zu schicken, mit denen wir nicht leicht fertig werden können. Gleichfalls können Briefe aus den entferntesten Gegenden in die Hafenstädte geschickt werden. Solche Verbindung ist langsam und mag sich als ziemlich teuer erweisen, doch ist sie verhältnismäßig sicher. So sehen wir immer wieder, wie sich der Weg zur Arbeit im Inneren öffnet.

Es ist ziemlich kalt (4. Dezember), um in einem Haus ohne Decken und mit nur wenigen Wänden und Fenstern zu wohnen. In der Wand meines eigenen Schlafzimmers ist ein Loch von zwei mal drei Meter, das nur von einem Laken zugedeckt ist, so kann der Luftstrom ungehindert durchziehen. Doch diese Dinge beachten wir nicht sonderlich. Um uns herum leben arme Heiden in der Dunkelheit – große Städte ohne einen Missionar, übervölkerte Kleinstädte ohne einen Missionar, zahllose Dörfer, alle ohne einen Weg zur Gnade. Ich beneide das Gewissen derjenigen nicht, die diese vergessen wollen und ihrem Schicksal überlassen, aus Furcht vor ein bißchen Unbequemlichkeit. Möge Gott uns ihm und seiner Arbeit gegenüber treu machen.«

Mittlerweile war er in Hangchow mehr als beschäftigt. In der Zeit um das chinesische Neujahr drängten sich manchmal bis zu zweihundert Patienten in der Ambulanz. Die gleiche Anzahl nahm an den Sonntagsgottesdiensten teil. Als Anfang 1867 die erste Verstärkung von zu Hause eintraf, konnte Taylor sie erst Stunden nach ihrer Ankunft begrüßen, weil er zu beschäftigt war. Er stand gerade auf einem Tisch und predigte einer Anzahl von Patienten im Hof. So konnte er ihnen nur ein herzliches Willkommen zurufen, als die Gruppe, begleitet von Meadows, hereinkam. Die Neuankömmlinge waren jedoch völlig zufrieden mit diesem Empfang. Nicht lange danach stand John McCarthy Hudson Taylor schon zur Seite und wurde bald darauf sein bester Gehilfe in der medizinischen Arbeit. Inmitten äußerlicher Beschwerlichkeiten waren dies Tage, in denen seine Mitarbeiter Gelegenheit hatten, mit ihrem Leiter, der in so großem Maße ihre Ideale verkörperte, enge Gemeinschaft zu pflegen.

»Ich denke an ihn, so wie ich ihn immer kannte«, schrieb McCarthy aus Westchina achtunddreißig Jahre später. »Er war immer freundlich, liebevoll, rücksichtsvoll gegen jedermann, außer gegen sich selbst, war ein Segen, wo er auch hinging, und spendete allen Kraft und Trost, mit denen er in Kontakt kam . . . ein ständiges Beispiel alles dessen, was ein Missionar sein sollte.«

Doch selbst in jenen Anfangsjahren gab es einige, die durch Schwächen in ihrem eigenen geistlichen Leben an anderen Kritik übten. Der Geist, der schon auf der Überfahrt Kummer bereitet hatte, war noch sichtbar, und Mrs. Taylor litt nicht weniger als ihr Mann unter den Verleumdungen. Doch erst Monate später erwähnte sie diese Angelegenheit in einem Brief an Mrs. Berger, so sehr waren sie darauf bedacht, die Schwierigkeit durch Liebe und Geduld zu überwinden. Auf Anfragen aus Saint Hill schrieb sie schließlich ausführlich:

»Beten Sie sehr für uns, denn wir brauchen Gottes erhaltende Gnade in diesem Augenblick so sehr. Wir sind tatsächlich dabei, Satan in seiner Festung zu bekämpfen, doch er läßt nicht locker. Welche Narrheit wäre es, hier zu sein in unserer eigenen Kraft! Größer ist der, der für uns ist, als alle die, die gegen uns sind . . . Ich wäre sehr traurig, sollte Uneinigkeit zwischen den Schwestern unserer Gruppe gesät werden, und dies ist eines der Übel, die ich jetzt befürchte . . . Welche Wende die Angelegenheit mit . . . nehmen wird, kann ich jetzt noch nicht sagen. Doch eines weiß ich: ›die Hoffnung Israels‹ wird uns nicht verlassen. Man ist fast versucht zu fragen: ›Warum wurde es . . . gestattet, mit auszureisen?‹ Vielleicht deswegen, damit unsere Mission schon am Anfang ihres Bestehens auf der rechten Basis gegründet wird.«

Andere Sorgen prüften während des Sommers ihren Glauben und ihre Duldsamkeit. Doch in dieser Zeit wurden auch Menschen für Jesus gerettet, und die Kirche wuchs. Später zählte sie 1500 Mitglieder. Als im Mai die ersten Taufen abgehalten wurden, schrieb Mrs. Taylor wieder an Mrs. Berger:

»Vielleicht sieht der Herr, daß wir Kummer und Sorgen brauchen, damit wir davon abgehalten werden, aufgeblasen zu sein über den reichen Segen, den er auf unsere Arbeit ausschüttet.«

Doch konnte sie den persönlichen großen Kummer nicht voraussehen, den der heiße Sommer mit sich brachte.

Das niedlichste und aufgeweckteste ihrer Kinder war die kleine Tochter, die ihnen in Ningpo geschenkt worden war und die jetzt fast acht Jahre alt war. Voller Liebe zum Herrn Jesus Christus und zu den Menschen um sie herum war sie bei der Arbeit schon eine richtige Hilfe, wie auch bei ihren Brüdern, für die sie alles war, was eine Schwester nur sein konnte. Doch in den langen, heißen Tagen begann Gracie dahinzusiechen. Obwohl man die Kinder in die Berge brachte, konnte nichts mehr ihr Leben retten.

Neben seinem sterbenden Kind in dem alten, in Ruinen liegenden Tempel blickte Hudson Taylor der Situation für sich selbst und diejenigen, die er liebte, ins Auge.

»Es war kein unnützer oder unüberlegter Schritt«, schrieb er an Berger, »als ich, der ich dieses Land, seine Menschen und sein Klima kannte, meine Frau und meine Kinder mit mir selbst für diesen Dienst auf den Altar legte. Und er, dem wir so unwürdig, doch in aller Einfachheit und gottesfürchtiger Aufrichtigkeit gedient haben und jetzt dienen – und auch mit gewissem Erfolg –, er hat uns jetzt nicht verlassen.«

An seine Mutter schrieb Taylor freimütiger:

»Unsere liebe kleine Gracie! Wie vermissen wir morgens ihr süßes Stimmchen, das uns als erstes begrüßte, wenn wir aufwachten, das uns begleitete durch den Tag bis zum Abend! Wenn ich die Spaziergänge mache, die ich mit ihr an meiner Seite machte, dann überfällt mich der qualvolle Gedanke: ›Ist es denn möglich, daß ich nie wieder den Druck der kleinen Hand spüren werde . . . nie mehr das Strahlen jener hellen Augen?‹ Und doch ist sie nicht verloren. Ich möchte sie nicht wieder zurückhaben. Ich bin dankbar, daß sie uns genommen wurde, anstatt eines der anderen, obgleich sie der Sonnenschein unseres Lebens war . . .

Ich glaube, ich habe nie etwas so Vollkommenes und Schönes gesehen wie die irdischen Überreste dieses Kindes. Die langen, seidigen Augenwimpern unter den fein geschwungenen Brauen; die wohlgeformte, feine Nase; der kleine, ausdrucksvolle Mund; die Reinheit der weißen Gesichtszüge . . . all das ist im Herzen und in der Erinnerung tief eingemeißelt. Dann ihre hübsche kleine Chinesenjacke und die kleinen, auf ihrer Brust gefalteten Hände, die eine Blume hielten – ach, sie war so schön, und es war so schwer, sie für immer aus den Blicken zu verlieren!

Bete für uns. Manchmal bin ich fast überwältigt von den inneren und äußeren Schwierigkeiten, die mit unserer Arbeit zusammenhängen. Doch der Herr hat gesagt: ›Ich will dich nicht verlassen noch versäumen‹, und ›Meine Kraft ist in den Schwachen mächtig‹. So sei es.«

In ihrem Schmerz und Gram gaben sich Mr. und Mrs. Taylor erneut der Aufgabe hin, das Innere Chinas mit dem Evangelium zu erreichen. Vor Ende des Jahres waren alle Städte in der Provinz Chekiang, die eine Präfektur hatten, besucht worden. Nanking in der Nachbarprovinz war besetzt, und die Mitglieder der Mission arbeiteten in Zentren, die bis zu vierundzwanzig Reisetage voneinander entfernt lagen. Auch die Kirche in Hangchow war fest begründet und hatte Wang Lae-djün zum Pfarrer*.

Als der Frühling wieder ins Land zog, war es Mr. Taylor möglich, von diesem Zentrum abkömmlich zu sein.

In jenen Tagen wurde kaum eine Station in China eröffnet ohne direkte Lebensgefahr. Ausschreitungen und Aufruhr waren so selbstverständlich, daß sie fast ein Teil des gesamten Prozesses waren. Und so war es denn auch natürlich für Taylor, zu einem Kandidaten zu sagen, der bei solchen Ausschreitungen einen Fuß verloren hatte und nur noch mit Hilfe eines Krückstockes gehen konnte: »Was würden Sie in China tun, wenn ein Aufstand ausbräche und Sie davonlaufen müßten?«

---

* Wang Lae-djün war der Freund aus Ningpo, der Hudson Taylor und seine Frau nach England begleitet hatte.

»Ich hatte nicht daran gedacht, wegzulaufen«, war die ruhige Antwort. »Ich dachte, daß ›der Lahme den Raub nehmen‹ würde.«

Und das tat er tatsächlich, als die Zeit kam, daß er die Unruhen überlebte, in denen das Evangelium nach Wenchow kam.

»Warum rennst du nicht weg?« brüllten die Aufrührer, die ihm alles raubten, was er besaß, selbst seinen Krückstock.

»Weglaufen?« erwiderte er mit einem Lächeln. »Wie kann denn ein Mann mit einem Bein weglaufen, das möchte ich mal wissen!«

Entwaffnet von seinem Mut und seiner Freundlichkeit, gewann das Gute die Überhand, und die unsichtbare Macht des Gebetes trug den Sieg davon[*].

Im gleichen Geist bahnte sich George Duncan, der hochgewachsene, stille Hochländer, als erster seßhafter Missionar seinen Weg in Nanking. Als er kein anderes Quartier finden konnte, war er es zufrieden, im Glockenturm zu wohnen. Dort teilte er einen offenen Boden mit den Ratten und den tiefklingenden Glocken. Seine Tage verbrachte er unter den Menschenmengen auf den Straßen und in den Teestuben. Als sein Geldbeutel fast leer war, kam sein chinesischer Koch und einziger Gefährte zu ihm, um ihn zu fragen, was sie tun sollten; denn die Stadt und das Quartier zu verlassen, das sie gemietet hatten, würde ihnen wahrscheinlich die Möglichkeit einer Rückkehr nehmen.

»Tun?« sagte der Missionar. »Nun, wir werden ›hoffen auf den Herrn und Gutes tun‹. So werden wir im Lande bleiben und uns redlich nähren.«

Tage vergingen. Taylor gelang es nicht, Nanking durch die einheimischen Banken zu erreichen. Schließlich sandte er in seiner Sorge um Duncan einen anderen Missionar, um der Situation abzuhelfen. Mittlerweile waren die Ersparnisse des Kochs, die er der Arbeit willig zur Verfügung gestellt hatte, alle aufgebraucht, und beide zusammen besaßen nicht mal mehr einen Dollar. Doch Duncan war wie gewöhnlich zum Predigen hinausgegangen und sagte zu seinem besorgten Gefährten:

---

[*] Kurz nach dem Tod der kleinen Gracie gründete George Stott, der schon einige Jahre in China gewesen war, in der Stadt und Präfektur Wenchow die Kirche, die später achttausend erwachsene Mitglieder zählte (eingeschlossen alle Abendmahlsgäste).

»Laß uns einfach ›dem Herrn vertrauen und Gutes tun‹. Seine Verheißung ist immer noch die gleiche. So wirst du ›in dem Lande bleiben und dich redlich nähren‹.«

An jenem Abend verstand Rudland, warum das Wasser in dem großen Kanal so niedrig gestanden hatte, daß er gezwungen gewesen war, seine Reise über Land fortzusetzen, was ihn einige Tage eher nach Nanking brachte, als es per Boot möglich gewesen wäre. Als er das Haus erreichte, fand er Schrank und Geldbörse leer. Duncan war den ganzen Tag durch die endlosen Straßen gezogen und hatte gepredigt. Nun kehrte er müde und hungrig zurück, als ihm zu seiner Überraschung sein chinesischer Helfer entgegenlief.

»Ach, Herr«, rief er atemlos. »Alles ist gut! Alles ist gut! Mr. Rudland – das Geld – ein gutes Abendessen!«

»Sagte ich es dir nicht heute morgen«, erwiderte Duncan und legte ihm freundlich die Hand auf die Schulter, »daß es immer gut ist, dem lebendigen Gott immer zu vertrauen?«

Doch Taylor war nicht damit zufrieden, nur die jungen Männer in die Pionierarbeit hinauszuschicken. Es gab keine Gefahr und Not, die er und seine Frau nicht bereit waren, auf sich zu nehmen, und der innere, geistliche Impuls brannte in ihren Herzen genauso stark wie in den Herzen der anderen aus der Mission. Es war nicht leicht, Hangchow nach einem ziemlich geordneten Leben und einer guten Arbeit nach sechzehn Monaten wieder zu verlassen.

Die Kirche zählte schon fünfzig getaufte Mitglieder, und manche der Fragenden waren vielversprechend offen für das Evangelium. Doch mit Wang Lae-djün als Pfarrer, der von McCarthy unterstützt wurde und mit Miss Faulding, die für die Frauen sorgte, würde die gute Arbeit weitergehen. Da waren einsame Pioniere, die Hilfe brauchten, und übervölkerte Großstädte, Kleinstädte und Dörfer, die noch vollkommen ohne das Wort des Lebens waren. Obgleich es bedeutete, ihr Haus aufzugeben und mit den Kindern wieder eine Zeitlang auf dem Hausboot zu leben, machten sie sich im Frühjahr auf, wie wir gesehen haben, bereit, Duncan in Nanking beizustehen oder in irgendeinem Ort zu bleiben, der sich unterwegs öffnen würde.

In der großen Stadt Yangchow war es den Reisenden möglich, sich nach zweimonatigem Leben auf dem Boot niederzulassen. Sie hatten drei Wochen bei Henry Cordon, einem Mitglied der Mission, verbracht, der gerade die Arbeit in der weitbekannten Stadt Soochow begonnen hatte und der nach Chinkiang am Zusammenfluß des großen Kanals mit dem mächtigen Jangtse weitergereist war. Beeindruckt von der strategischen Wichtigkeit dieses Ortes war Taylor bald in Verhandlungen über ein Haus, das sie in der Folge auch erhielten. Doch als er herausfand, daß sich die Verhandlungen hinauszögerten, setzten sie ihre Reise über den Jangtse und einige Meilen weiter nördlich auf dem großen Kanal fort. So erreichten sie die berühmte Stadt, in der Marco Polo einst Gouverneur gewesen war und deren betürmte Mauern eine Bevölkerung von 160 000 Einwohnern einschloß, ohne einen einzigen Zeugen Jesu zu haben.

»Wären Sie nicht selbst weit gereist«, schrieb Mrs. Taylor an Mrs. Berger, »so wäre es Ihnen meiner Ansicht nach unmöglich, sich unsere Gefühle letzten Montag vorzustellen, als wir die Unbequemlichkeit eines Bootes, in das es ständig hineingeregnet hatte, mit der Suite eines erstklassischen chinesischen Hotels eintauschten – solch ein Quartier hat mein Mann, der doch eine Reihe chinesischer Unterbringungsmöglichkeiten auf Reisen kennt, noch nie gesehen. Und das Hotel befindet sich noch dazu mitten in der Stadt Yangchow.«

Ein freundlicher Gastwirt und eine große Anzahl interessierter Besucher versprachen einen guten Anfang. Nachdem ein günstiger Bescheid vom Gouverneur gekommen war, wurde ein Haus gemietet, in das die Familie Mitte Juli zog. Die Hitze war schon ziemlich unerträglich. So hofften sie auf stillere Tage im August, doch die Zahl der Patienten und Besucher nahm nicht ab. Eine fremde Familie in der Stadt zu haben war eine beträchtliche Attraktion, besonders als Taylor sich als geschickter Arzt entpuppte. Mrs. Taylors freundliche chinesische Worte und ihr ganzes Gebaren zog die Frauen an, und genauso wie in Hangchow schienen sich Herzen für das Evangelium zu öffnen.

Doch der Feind war nicht laß. Es konnte einfach nicht sein, daß ein Vorstoßen in sein Gebiet ohne Reaktion hingenommen wurde. Die ansässigen Literaten und Gelehrten hielten eine Versammlung ab und beschlossen, einen Aufruhr anzuzetteln. Anonyme Handzettel erschienen in der ganzen Stadt, die die fürchterlichsten Verbrechen Fremden zuschrieben, besonders denjenigen, deren Beschäftigung es war, »die Religion von Jesus« zu verbreiten. Nicht lange danach erkannten die Missionare, daß die Leute eine veränderte Haltung ihnen gegenüber einnahmen. Freundliche Besucher machten dem niedrigsten Pöbelvolk an der Tür Platz. Neu erschienene Plakate gossen Öl auf die Flammen. Mit Geduld und Freundlichkeit wurde ein Aufruhr immer wieder abgewandt. Taylor wagte kaum mehr, den Eingang des Hauses für einige Tage zu verlassen. Er stand dort, beantwortete Fragen und hielt die Menge in Schach.

Groß war die Dankbarkeit der Hausbewohner, die sich noch durch die Ankunft der Rudlands und Mr. Duncans vermehrt hatten, als der Sturm sich ausgetobt zu haben schien. Die intensive Hitze des Augusts wurde von flutartigen Regengüssen unterbrochen, die schließlich die Menge zerstreute. Doch die Erleichterung war nur von kurzer Dauer. Zwei Ausländer aus Chinkiang, die nicht wie die Missionare chinesische, sondern unmißverständlich ausländische Kleidung trugen, kamen nach Yangchow und verursachten keine geringe Sensation. Das war eine zu gute Gelegenheit, die man nicht so einfach verstreichen lassen sollte. Die Literaten waren wieder einmal beschäftigt. Kaum waren die Besucher fort mit dem Eindruck, daß alles ruhig war, da begannen Berichte zu kursieren, daß überall Kinder fehlten. Wenigstens vierundzwanzig, so glaubten die Leute, waren den unmenschlichen Ausländern zum Opfer gefallen.

»Habt Mut – rächt das an uns begangene Unrecht! Greift an! Zerstört! Plündert alles!«

Achtundvierzig Stunden später näherten sich die Missionare verwundet und angeschlagen, doch ungebrochen, in einem Hausboot Chinkiang und dankten Gott für eine wunderbare Bewahrung im Sturm mörderischer Leidenschaften, der sie fast übermocht hatte.

»Unser Gott hat uns durchgebracht«, schrieb Mrs. Taylor, während sie reisten. »Möge es dazu sein, daß wir noch mehr seiner Ehre und seinem Lobe leben. Wir haben sozusagen einen weiteren Taifun erlebt. Doch dauerte er nicht so lange wie der eigentliche vor fast zwei Jahren. Er war jedoch genauso gefährlich für unser Leben und weit schrecklicher. Ich glaube, Gott wird seine Herrlichkeit durch dieses Erlebnis leuchten lassen, und ich hoffe, es wird der Verbreitung des Evangeliums dienlich sein . . .

In unserem gegenwärtigen Heiland . . .«

»Der gegenwärtige Heiland« – wie wenig konnten die Aufständler vom Geheimnis solcher Ruhe und solcher Kraft wissen! Durch irgend etwas zurückgehalten, das ihnen Ehrfurcht einflößte – obwohl sie nicht wußten, was es war –, hatte der tobende Pöbel nicht gewagt, die schlimmsten Gewalttaten zu vollbringen. Vom Tode bedroht, doch immer wieder davor bewahrt, waren Taylor, in der Wut der Menge auf seinem Weg, Hilfe von den Behörden zu ersuchen, und jene, die er zurückgelassen hatte und die der Gefahr durch Angriff und Feuer in ihrem belagerten Haus ins Auge blickten, von der unsichtbaren Hand bewahrt und beschützt.

Aber es waren Stunden der Todesangst – Angst für die Mutter, als sie die Kinder und die Frauen der Gruppe in einem obengelegenen Raum zu schützen versuchte, wohin sie sich schließlich vor dem Feuer geflüchtet hatten; Angst für den Vater, der in der Ferne aufgehalten, von des Mandarins Yamen die Schreie der Aufständler hörte, die auf Zerstörung aus waren. Nach außen hin so ruhig, als ob keine Gefahr im Anzug wäre, durchlebte Mrs. Taylor jene furchtbaren Szenen allein. Mehr als einmal rettete sie ein Leben durch ihre Geistesgegenwart und ihre vollkommene Beherrschung der Sprache, während ihr Herz doch von Angst zerrissen war für den Geliebten, den sie vielleicht nie wiedersehen würde.

Die Verhandlungen, die nun folgten, waren langwierig und anstrengend, bevor das Haus in Yangchow repariert war und die Gruppe wieder zurückkehren durfte. Ein großer Empfang war für sie arrangiert worden, und voller Dankbarkeit schrieb der Leiter der Mission: »Die Ergebnisse dieses Falles werden aller Wahrscheinlichkeit nach die Arbeit im Innern größtenteils erleichtern.« Doch war es das Familienleben und der freundliche Geist der Missionare, die schließlich den Argwohn zerstreuten.

»Die Verhaltensweise spricht lauter als Worte«, und so hatten denn die Nachbarn auch etwas zum Nachdenken, als nach all dem, was geschehen war, die Kinder zurückgebracht wurden, und als es sichtbar wurde, daß Mrs. Taylor nicht gezögert hatte, auch in einem Zustand zurückzukehren, der Ruhe und Frieden besonders wünschenswert erscheinen ließ.

»Wiederum«, so schrieb sie an ihre liebe Freundin in Saint Hill, »hat Gott mir den Wunsch meines Herzens erfüllt. Denn ich wollte, daß mein Kind lieber in dieser Stadt und in diesem Haus, ja in diesem Zimmer zur Welt kommen sollte, wenn die Sicherheit es zuließe, als irgendwo anders, Ihr eigenes schönes Heim nicht ausgenommen, wo ich so liebevoll umsorgt wurde und dessen Bequemlichkeiten und Luxus ich so sehr schätze.«

Die Ankunft eines vierten Sohnes konnte nur einen günstigen Eindruck erwecken, ebenso wie die schnelle Genesung all derer, die während des Aufstandes verletzt worden waren. Doch weit größer war die Entschädigung, die sie erhielten, als der Gastwirt, der sie zuerst in der Stadt aufgenommen hatte, und zwei andere, die viel aufs Spiel setzten, als sie ihnen während des Aufstandes freundschaftlich halfen, bekennende Gläubige und Taufkandidaten wurden.

»Die mit Tränen säen, werden mit Freuden ernten. Sie gehen hin und weinen und tragen edlen Samen und kommen mit Freuden und bringen ihre Garben.«

# Kapitel 13
# Tage der Dunkelheit

»Hölle und Erde haben sich gegen mich verschworen;
doch die göttliche Kraft steht mir zur Seite;
Jesus ist alles, und er ist mein!«
W. T. Matson

Zu Hause in England durchlebte Berger in jenem Winter einen noch
größeren Sturm, als derjenige, der über die kleine Mission in China
hereingebrochen war. Denn der Yangchow-Aufruhr war im Parla-
ment auf Kritik gestoßen. Auch im ganzen Land nahm die Kritik ein
Ausmaß an, das kaum zu fassen war. Beeinflußt von Mißverständnissen, griff die öffentliche Presse die Missionare hart an, die das
Land an den Rand eines Krieges mit China gebracht hatten. Sie verlangte den Schutz britischer Kanonenboote in ihrem Kampf, die
Chinesen dazu zu bewegen, ihre Religion zu ändern »mit Kanonen-
feuer und aufgepflanztem Bajonett«. Es ist überflüssig davon zu reden, daß Taylor und seine Kollegen wenig oder gar keinen Anlaß
für solch eine Kritik gegeben hatten. Ihr Fall war von den konsulari-
schen Behörden in einer Art aufgenommen worden, wie es die Missionare weder erwartet noch gewünscht hatten. Die Vertreter han-
delten auf Anweisung des Auswärtigen Amtes und machten sich die
Gelegenheit zunutze, um auf Vertragsrechte zu drängen. Doch bevor den nicht ungerechtfertigten Forderungen des Britischen Bot-
schafters stattgegeben werden konnte, wurde die Situation durch einen Wechsel der Regierung in England kompliziert. Mrs. Taylor
schrieb, um ihren Mann zu entlasten, an Berger und seine Frau und
informierte sie von allen Einzelheiten.

»Was das harte Urteil der Welt anbetrifft«, schloß sie, »oder das
noch schmerzlichere Mißverstehen der christlichen Brüder, halten
wir es für allgemein am besten, mit unserer Arbeit fortzufahren und
es Gott zu überlassen, unsere Sache zu rechtfertigen. Doch ist es nur
recht, daß Sie genau wissen sollten, wie wir gehandelt haben und
warum. Ich würde jedoch vorschlagen, daß die Tatsache nicht veröffentlicht wird, daß Mr. Medhurst, der Generalkonsul, und auf

dessen Anordnung Sir Rutherford Alcock die Angelegenheit ohne einen Antrag von uns behandelt haben. Das neue Ministerium daheim tadelt jene hier draußen für die Politik, die das frühere Ministerium ihnen auferlegt hat. Es wäre ungerecht und undankbar, würden wir ihre Lage noch erschweren, indem wir sozusagen alle Verantwortung auf sie abwälzten.«

Es blieb ihnen nichts anderes übrig, als mit Gebet und Geduld dem Sturm zu widerstehen, der noch lange tobte, nachdem man sich in Yangchow wieder friedlich niedergelassen hatte. Vier Monate später schrieb Berger von Saint Hill:

»Die Yangchow-Affäre ist vor dem House of Lords (Oberhaus der britischen Regierung) . . . Sie können sich kaum vorstellen, was für eine Wirkung das auf das ganze Land ausübt. Gott sei gedankt, ich kann sagen ›aber ich achte der keines‹. Ich glaube, er hat uns zu dieser Arbeit berufen, und es steht uns übel an, davon wegzulaufen oder uns von Schwierigkeiten unterkriegen zu lassen . . . Seid guten Muts, der Kampf ist des Herrn.«

Es ist doppelt schmerzlich, daß in dieser Krise die Unzufriedenheit einiger Mitglieder der Mission ihren Höhepunkt erreichte und daß einige, die von Anfang an Schwierigkeiten gemacht hatten, gebeten werden mußten, ihren Abschied zu nehmen. Ihre Darstellung der Tatsachen vergrößerten die Mißverständnisse zu Hause noch, und trotz Mr. Bergers weiser, starker Führung wurden eine Anzahl von Freunden der Arbeit mehr und mehr entfremdet. Dies, zusammen mit der scharfen Kritik in der öffentlichen Presse, beeinträchtigte das Einkommen in ernsthafter Weise, so daß die Prüfungen, die die Vorgesetzten der Mission durchmachten, beträchtlich waren.

»Betet für uns«, schrieb Taylor bald nach dem Aufruhr. »Wir brauchen viel Gnade. Ihr könnt Euch nicht vorstellen, wie viele tägliche Anforderungen an Geduld, Langmut und Takt gestellt werden, um mit den vielen Schwierigkeiten und Mißverständnissen fertig zu werden, die unter sovielen Menschen verschiedener Nationalität, Sprache und Temperament auftauchen. Bittet den Herrn, mir einen klaren Blick, gutes Urteilsvermögen, Weisheit und Sanftmut zu geben, den geduldigen Geist, den festen Blick aufs Ziel, den ungebrochenen Glauben und die christusähnliche Liebe, die ich zur tüchtigen Ausübung meiner Pflichten brauche. Und bittet ihn, uns genügend Mittel und die rechten Helfer für die große Arbeit hinauszusenden, die wir kaum begonnen haben.«

Denn trotz all dem gab es kein Aufhalten in der Pionierevangelisation, zu welcher die Mission berufen war. Noch bevor die Yangchow-Affäre beigelegt war, hatte Mr. Taylor eine wichtige Reise den großen Kanal hinauf zu einer Stadt unternommen, von der er die nördlichen Provinzen zu erreichen hoffte. Meadows hatte seine Arbeit in Ningpo anderen überlassen, damit er einen Vorstoß in die erste Provinz im Inneren, westlich von Chinkiang, leiten konnte. Diese Provinz war Anhwei mit ihren zwanzig Millionen Einwohnern, unter denen sich nicht ein einziger protestantischer Missionar befand.

Doch statt dem Zuwachs an Männern und Mitteln, für die sie beteten, verminderte sich der Zustrom von Geldmitteln merklich. Obgleich die Situation von ihrer Seite aus unvorhergesehen war, war sie doch nicht unvorbereitet, wie sich zu ihrer Ermutigung herausstellte. Denn derjenige, der die Schwierigkeiten gestattet hatte, hatte auch Vorkehrungen zu ihrer Überwindung in der ihm eigenen, wunderbaren Art getroffen.

Ein mittelloser Mann in England – der buchstäblich ebenfalls keine anderen Quellen wie die Vögel unter dem Himmel und die Lilien auf dem Felde hatte – unterstützte schon durch Gebet und Glauben eine Familie von etwa zweitausend Waisenkindern, die später auf die fünffache Anzahl anwuchs. Ohne einen Pfennig Rückhalt, ohne einen Appell um Hilfe, ja selbst ohne irgend jemand außer dem Vater, auf dessen Verheißungen er sich verließ, allein die Bedürfnisse mitzuteilen, erlebte Georg Müller die Treue Gottes auf eine Art und Weise, die Hudson Taylors Glauben sowie den Glauben von vielen anderen gestärkt hatte. Doch so groß war das Herz dieses Gottesmannes in Bristol, daß er nicht zufrieden war, ohne einen Teil an direkter Missionarbeit in einem vom Evangelium unerreichten Teil der Erde zu haben. Er betete um Mittel, mit denen er die Botschaft des Evangeliums in vielen Ländern, China eingeschlossen, unterstützen konnte, und hatte die Freude, in vielen schwierigen Situationen Gottes helfender Arm zu sein. Es schien, als ob er das Ohr des Herrn in besonderer Weise erreichte, und Gott ihn zu wichtigem Dienst gebrauchen konnte, den andere übersahen, oder für den sie nicht vorbereitet waren.

Zum Beispiel hatte kaum der Yangchow Aufstand stattgefunden. Und lange bevor die Nachricht England erreicht haben konnte, wurde es Georg Müller aufs Herz gelegt, finanzielle Hilfe an die China-Inland-Mission zu schicken. Er hatte schon Spenden an diese Mission überwiesen, doch ein oder zwei Tage nach dem Aufstand schrieb er an Berger und bat ihn um Namen anderer Mitglieder der Mission, die er noch auf seine Gaben- und Gebetsliste setzen konnte. Berger schickte ihm sechs Namen zum Aussuchen, doch er nahm sie alle.

Und dann, ein Jahr später, als der finanzielle Engpaß sich am empfindlichsten bemerkbar machte, schrieb Georg Müller wieder und vergrößerte seine Hilfsleistungen. Während sich dieser Brief auf dem Weg befand, schrieb Taylor beim Ausstellen einer Dezemberüberweisung an einen der Mitarbeiter:

»Über eintausend Pfund weniger als letztes Jahr sind in der ersten Hälfte dieses Finanzjahres eingegangen. Ich halte mir jetzt keinen Koch mehr. Ich finde es billiger, warmes Essen für einen Dollar pro Kopf im Monat von einem Speisehaus hereinbringen zu lassen . . . Laßt uns im Glauben um finanzielle Mittel beten, damit wir mit unserer Arbeit nicht zurückstecken müssen.«

Mit eigenen Bequemlichkeiten zurückstecken zu müssen schien ihm ein Kleines, doch »unsere Arbeit zurückzustecken« – Gott sei Dank, das war etwas, was er nie zu tun brauchte. Bevor das Jahr zu Ende ging, befand sich Georg Müllers Brief in seinen Händen.

»Mein lieber Bruder«, hieß es, »die Arbeit in China wird mir mehr und mehr aufs Herz gelegt. Und seither habe ich mich danach gesehnt und habe darum gebetet, sie mit weiteren finanziellen Mitteln und Gebet unterstützen zu dürfen. Kürzlich habe ich den Wunsch verspürt, alle lieben Schwestern und Brüder, die draußen bei Ihnen sind, finanziell zu unterstützen. Das um so mehr, um ihnen zu zeigen, daß ich an ihnen ein persönliches Interesse habe. Diesen meinen Wunsch hat der Herr nun erfüllt.«

Die elf beiliegenden Schecks waren für alle Mitglieder der Mission, für die Müller zuvor noch nichts gegeben hatte. Mit der gleichen Post schrieb Berger:

»Mr. Müller hat nach reiflicher Überlegung die Namen aller Brüder und Schwestern, die der China-Inland-Mission angehören, angefordert, weil er es gut findet, jedem einzelnen Hilfe zukommen zu lassen, wenn wir nicht von einem Hinderungsgrund wissen . . . Sicherlich wußte der Herr, daß wir in einen Engpaß geraten würden und legte es seinem treuen Diener aufs Herz zu helfen.«

Doch war es nicht nur das Geld allein, sondern das Mittragen im Gebet eines solchen Mannes, was diese Gaben zu solch einer Ermutigung machten*.

»Mein Hauptanliegen ist es«, schrieb er in einem Brief an die Missionare, »Ihnen zu sagen, daß ich Sie im Herrn liebhabe, daß ich an der Arbeit des Herrn in China tief interessiert bin und daß ich täglich für Sie bete.

Ich meinte, es wäre Ihnen eine kleine Ermutigung in Ihren Schwierigkeiten, Prüfungen, Nöten und Enttäuschungen, von jemand zu hören, der mit Ihnen fühlt und Sie vor den Herrn bringt. Doch wäre es anders, und Sie hätten niemand, der für Sie sorgt – jedenfalls hätte es den Anschein, als ob sich niemand um Sie kümmert –, dann hätten Sie doch immer noch den Herrn, der mit Ihnen ist. Denken Sie an Paulus in Rom (2. Tim. 4, 16–18).

Mit ihm rechnen Sie also, auf ihn blicken Sie und auf ihn verlassen Sie sich. Und seien Sie sich dessen sicher, daß er Sie nie verlassen wird, wenn Sie mit ihm wandeln, zu ihm aufblicken und von ihm Hilfe erwarten. Ein älterer Bruder, der den Herrn vierundvierzig Jahre lang kennt, schreibt Ihnen dies und sagt Ihnen zur Ermutigung, daß er nie versagt hat. In den größten Schwierigkeiten, in den härtesten Bewährungsproben, in der tiefsten Armut und Bedürftigkeit hat er mich weder verlassen noch versäumt. Doch weil ich durch seine Gnade ihm vertrauen konnte, ist er mir immer wieder zur Hilfe erschienen. Mit großer Freude erhebe ich seinen Namen.«

Hudson Taylor selbst hatte solch eine Ermutigung sehr nötig, denn, so seltsam es auch klingt, die Schwierigkeiten, die dem Yangchow-Aufstand folgten, waren gering, verglichen mit den inneren Anfechtungen. Vielleicht war es teilweise der Streß der äußeren Um-

---

* Georg Müllers Gaben beliefen sich in den nächsten Jahren auf rund fünfzigtausend Mark jährlich, genau dem Einkommen, das die Mission nach dem Yangchow-Aufstand verloren hatte.

stände, die geistliche Freude und Frieden behinderten. Doch nach dem tiefen Erlebnis, das ihm kurz bevorstand, konnten noch so viele Prüfungen die Freude am Herrn je wieder trüben.

»Es ist unwesentlich, wie groß der Streß ist«, pflegte er zu sagen. »Wesentlich ist nur, *wo* der Streß liegt. Achtet darauf, daß er sich nie zwischen euch und den Herrn schiebt – dann preßt es euch wenigstens gegen seine Brust, je größer der Druck und Streß ist.«

Doch zu der Zeit hatte er das Geheimnis noch nicht erfahren, das sein späteres Leben so durchdrang. So durchlebte er viele Stunden der inneren Dunkelheit, ja fast Verzweiflung.

»Ich habe Dich oft darum gebeten, mich im Gebet zu tragen«, schrieb er an seine Mutter, »und jedes Mal ist es sehr nötig gewesen. Doch nie ist die Notwendigkeit größer gewesen. Ich wäre wohl schwach geworden und zusammengebrochen, wäre nicht der Herr mir besonders gnädig gewesen und wäre ich nicht getragen worden von der Überzeugung, daß die Arbeit des Herrn ist und daß er mit mir ist selbst im ›dicksten Kampfgetümmel‹. Denn ich werde von einigen beneidet, von vielen verachtet, von manchen gehaßt, bekomme die Schuld zugeschoben für Dinge, mit denen ich nichts zu tun habe, der ich ein Neuerer der jetzt fest verankerten Missionsregeln bin, ein Gegner mächtiger Systeme und heidnischer Gebräuche und Aberglaubens, der ich in vieler Hinsicht in noch nicht dagewesenen Situationen gearbeitet habe mit wenigen erfahrenen Helfern. Oftmals war ich krank an Leib und Seele und von den Umständen in Mitleidenschaft gezogen. Doch der Kampf ist des Herrn, und er wird siegen. Wir mögen versagen sogar – ja wir versagen ständig –, doch er versagt nie.

Doch brauche ich Deine Gebete mehr denn je.

Meine Aufgabe nimmt ständig zu, und ich brauche besondere Gnade, um ihrer gerecht zu werden. Doch muß ich immer wieder die Tatsache beklagen, daß ich ihm nur von weither folge und so langsam lerne, es meinem lieben Herrn und Meister gleichzutun.

Ich kann Dir nicht sagen, wie ich manches Mal angefochten werde. Ich wußte nie, welch ein böses Herz ich habe. Doch weiß ich, daß ich Gott und sein Werk liebe, und mein größter Wunsch ist es, ihm allein in allen Dingen zu dienen. Und über allem achte ich den herrlichen Heiland, in dem allein ich angenommen bin. Manchmal bin ich versucht, zu denken, daß jemand, der so voller Sünde ist, kein Kind Gottes sein kann. Doch versuche ich, das abzuschütteln und freue mich desto mehr an der Herrlichkeit Jesu und am Reichtum seiner Gnade, die uns ›angenehm in dem Geliebten‹ gemacht hat. Geliebt ist er von Gott, geliebt sollte er auch von uns sein. Doch wie sehr komme ich hier wieder zu kurz! Möge Gott mir helfen, ihn mehr zu lieben und ihm besser zu dienen. Bete, daß der Herr mich vor Sünde bewahrt, daß er mich völlig heiligt und mich in größerem Maße in seinem Dienst gebraucht . . .

Der Heilige Geist schafft in uns kein Hungern und Dürsten nach Gerechtigkeit, ohne daß Christus die hungernde Seele stillt . . .

Glauben an den gekreuzigten Jesus ist der Weg zum Frieden für den Sünder; so ist der Glaube an den auferstandenen Jesus der Weg täglicher Erlösung für den Gläubigen . . .

Du kannst nicht Dein eigener Heiland sein, weder ganz noch teilweise.«

# Kapitel 14
## Das veränderte Leben

Ja, in mir, in mir wohnt er –
ich in ihm und er in mir!
Und meine leere Seele er erfüllt
jetzt und immerdar.

H. Bonar

Sechs Monate, nachdem der vorher zitierte Brief geschrieben wurde, brachte eine Dschunke auf dem Großen Kanal mit nördlichem Kurs einen Passagier mit sich, dessen Herz überströmte von einer großen, neuentdeckten Freude. Judd erwartete in Yangchow die Rückkehr seines Freundes und Missionsleiters, doch war er auf die große Veränderung, die in diesem, den er so gut kannte, vorgegangen war, nicht vorbereitet. Kaum die Begrüßung abwartend, sprudelte Hudson Taylor mit seiner Geschichte über. In der ihm eigenen Art – mit auf dem Rücken verschränkten Händen – ging er im Zimmer auf und ab und rief dabei:

»Ach, Mr. Judd, Gott hat mich zu einem neuen Menschen gemacht! Gott hat mich zu einem neuen Menschen gemacht!«

Wunderbar war die Erfahrung, die als Gebetserhörung gekommen war. Doch so einfach, daß sie jeder Beschreibung spottet. Es war wie vor langer Zeit: »Ich war blind und bin nun sehend!«

Unter einer Anzahl von Briefen, die Taylor in Chinkiang erwarteten, war einer von John McCarthy gewesen, der in dem alten Haus in Hangchow geschrieben worden war. Die Herrlichkeit eines neuen Sonnenaufgangs lag über ihm – das innere Licht, dessen Schimmer alles neu macht. Sein größtes Verlangen war es, Hudson Taylor davon zu berichten, denn er wußte etwas von dem Seelenkampf, den sein Freund durchmachte. Doch wo er beginnen und wie er es in Worte fassen sollte, wußte er nicht.

»Ich wünschte, ich könnte jetzt mit Ihnen über den Weg zur Heiligung reden!« schrieb er. »Seit Sie mit mir darüber gesprochen haben, hat dieses Thema mich ganz und gar eingenommen. Nicht, weil ich so etwas gelesen hätte . . . sondern aus dem Bewußtsein des Versagens, des ständigen Zukurzkommens dessen, was ich meinte erreichen zu müssen, eine innere Unruhe, das ständige Bestreben, irgend einen Weg zu finden, durch den man ständige Gemeinschaft mit Gott haben konnte, diese Verbindung, die manches Mal so real, doch manches Mal so gänzlich unvorstellbar, ja so weit weg war! . . .

Wissen Sie, ich meine jetzt, daß dieses Streben, Verlangen und Hoffen auf bessere Tage nicht der wahre Weg zur Heiligung, zum Glücklichsein oder zur Brauchbarkeit ist. Er ist zweifellos besser, weit besser, als mit schlechten Ergebnissen zufrieden zu sein, aber bei weitem nicht der beste Weg. Der Abschnitt eines Buches mit dem Titel ›Christus ist alles‹ hat mich getroffen. Da heißt es:

›Den Herrn Jesus annehmen, bedeutet mit Heiligung zu beginnen; den Herrn Jesus zu lieben, bedeutet in der Heiligung zu wachsen; mit dem Herrn Jesus zu rechnen, bedeutet völlige Heiligung . . .

Derjenige ist am heiligsten, der am meisten von Christus in sich hat und der sich an dem getanen Werk am meisten erfreut. Ein unvollkommener Glaube aber ist wie ein Hemmschuh und bringt manchen zu Fall.‹

Diesem letzten Satz kann ich jetzt völlig zustimmen. Meinem liebenden Heiland zu gestatten, seinen Willen in mir zu wirken – nämlich meine Heiligung –, das ist es, wofür ich durch seine Gnade leben sollte. In ihm bleiben, nicht streben oder sich abmühen, wegschauen und zu ihm hin, ihm vertrauen für gegenwärtige Kraft . . . in der Liebe eines allmächtigen Heilands ruhen, in der Freude einer vollkommenen Erlösung ›von allen Sünden‹ – das alles ist nicht neu, und doch ist es für mich neu. Ich meine, das Dämmern eines neuen Tages wäre über mir hereingebrochen. Ich begrüße ihn mit Zittern, doch mit Vertrauen. Es scheint, ich sei nur zum Rand eines unendlichen Meeres gelangt, daß ich erst genippt hätte an dem, was doch völlig befriedigt. Christus ist mir jetzt buchstäblich alles, die Kraft, die einzige Kraft zum Dienst, der einzige Grund für unwandelbare Freude . . .

Wie denn soll unser Glaube wachsen? Nur indem wir an das denken, was Jesus für uns ist: sein Leben, sein Tod, sein Werk; er, wie er uns im Wort offenbart wird, er muß der Gegenstand unserer Gedanken sein. Nicht ein Streben nach Glauben . . . sondern ein Wegschauen auf den Getreuen, das scheint alles zu sein, was wir brauchen, ein völliges Ruhen in dem Geliebten für Zeit und Ewigkeit.«

Wir wissen nicht genau, wie das Wunder geschah, doch »als ich das las, sah ich mit einemmal alles«, schrieb Hudson Taylor. »Ich schaute auf Jesus, und als ich hinschaute – wie überströmte da die Freude!«

»Er war jetzt ein überglücklicher Mann«, berichtete Judd, »ein froher, glücklicher Christ. Zuvor hatte er sich abgemüht und hatte nur wenig Seelenfrieden. Jetzt ruhte er in Jesus und ließ ihn sein Werk tun, das ist ganz, ganz anders. Wo immer er danach in Versammlungen sprach, schien eine neue Kraft von ihm zu fließen. Auch bei den praktischen Dingen des Lebens durchdrang ihn ein neuer Friede. Kummer und Verdruß erfüllten ihn nicht mehr wie vorher mit Sorge. Er warf bewußt alles auf Gott und nahm sich mehr Zeit zum Beten. Statt bis spät in die Nacht hinein zu arbeiten, begann er, früher zu Bett zu gehen, dafür um fünf Uhr aufzustehen, um zum Bibelstudium und Gebet Zeit zu haben (oftmals zwei Stunden), bevor er mit seinem Tagewerk begann.«

Das *veränderte Leben* war ihm geworden – das Leben, das tatsächlich »nicht mehr ich selbst bin«. Sechs Monate zuvor hatte er geschrieben: »Doch muß ich immer wieder die Tatsache beklagen, daß ich Jesus nur von weither (ungefähr) folge und so langsam lerne, es meinem lieben Herrn und Meister gleichzutun. Jetzt war kein Gedanke mehr daran, es ihm gleichzutun.« Jetzt hatte er die segensreiche Ralität erkannt: »Christus lebt in mir.« Und wie groß war der Unterschied: statt Knechtschaft Befreiung; statt Versagen Stille, innere Siege; statt Furcht und Schwachheit die beruhigende Gewißheit der Genügsamkeit eines anderen. So groß war die Befreiung, daß Hudson Taylor seither sich nicht genugtun konnte, hungrigen Seelen überall dieses kostbare Geheimnis zu erschließen. Und es gibt hungrige Seelen, die auch heute noch Hilfe brauchen, daß wir es wagen, ausführlich aus einem seiner ersten Briefe* über dieses

---

* Dieser Brief ist in der Heftreihe »Mit Gott im Alltag« erschienen: J. Hudson Taylor: Das ausgetauschte Leben. Nicht mehr ich lebe, sondern Christus lebt in mir. 12. Auflage. Verlag der Liebenzeller Mission, Bad Liebenzell.

Thema zu zitieren. Er war an seine Schwester, Mrs. Broomhall, gerichtet, deren Belastungen mit einer inzwischen auf zehn Kinder angewachsenen Familie groß und drückend waren.

»Vielen herzlichen Dank für Deinen lieben, langen Brief . . . Ich glaube, Du hast mir einen solchen Brief seit unserer Rückkehr nach China noch nicht geschrieben. Ich weiß, mit dir ist es wie mit mir – du kannst einfach nicht, obwohl du doch willst. Körper und Geist können nur ein begrenztes Maß an Belastung ertragen und ein gewisses Maß an Arbeit verkraften.

Was Arbeit anbetrifft, so war meine nie reichlicher, verantwortungsvoller und schwieriger, doch das Gewicht und die Anspannung sind verschwunden. Der letzte Monat ist vielleicht der glücklichste meines Lebens gewesen, und ich sehne mich danach, Dir ein wenig von dem zu sagen, was der Herr für meine Seele getan hat. Ich weiß nicht, inwieweit ich mich verständlich machen kann, denn es ist eigentlich nichts Neues, Fremdartiges oder Wunderbares, doch irgendwie ist alles neu! . . .

Vielleicht kann ich es klarer machen, wenn ich ein wenig weiter aushole. Ja, Liebste, vor sechs oder acht Monaten stand ich in großem inneren Kampf, da ich für mich persönlich wie auch für unsere Mission die Notwendigkeit sah, mehr Heiligung, geistliches Leben und Vollmacht zu haben. Doch meine persönliche Not stand an erster Stelle und war am größten. Ich spürte die Undankbarkeit, die Gefahr, die Sünde, nicht näher bei Gott zu leben. Ich betete, quälte mich, fastete, strebte, faßte gute Vorsätze, las das Wort eifriger, suchte mehr Zeit zur Meditation – doch alles war vergeblich. Fast jeden Tag, ja, fast jede Stunde bedrückte mich das Bewußtsein der Sünde.

Ich wußte, daß alles wohl werden würde, könnte ich nur in Christus bleiben, doch ich konnte es nicht. Ich pflegte den Tag mit Gebet zu beginnen, fest dazu entschlossen, meine Augen nicht einen Augenblick von ihm zu wenden, doch die Beanspruchung durch die Pflichten, die manchmal sehr anstrengend waren, und ständige Unterbrechungen, die so zermürbend sein können, ließen mich ihn vergessen. Dann werden in diesem Klima die Nerven so gereizt, daß die Versuchung, nervös und ärgerlich zu werden, harte Gedanken zu denken und unfreundliche Worte zu sagen, immer schwerer kontrollierbar wird. Jeder Tag brachte sein Verzeichnis von Sünde, Versagen und Kraftlosigkeit. ›Wollen habe ich wohl‹, doch wie ich es ausführen sollte, wußte ich nicht.

Dann kam die Frage: Gibt es denn keine Rettung? Muß es bis zum Ende so sein – ständiger Konflikt und oftmalige Niederlage? Wie konnte ich denen, die Christus aufnahmen, mit Aufrichtigkeit predigen ›die ihn aber aufnahmen, denen gab er Macht, Gottes Kinder zu werden‹ (d. h. gottähnlich), wenn es in meiner eigenen Erfahrung nicht so war? Statt stärker zu werden, schien ich schwächer zu werden und weniger Kraft gegen die Sünde zu haben. Und das war kein Wunder, denn selbst Glaube und Hoffnung nahmen ab. Ich haßte mich, haßte meine Sünde, doch hatte ich keine Kraft gegen sie. Ich spürte es, daß ich ein Kind Gottes war. Sein Geist rief in meinem Herzen trotz allem: ›Abba, lieber Vater.‹ Doch meine Vorrechte als Kind auch auszunutzen, dazu fehlte mir die Kraft völlig.

Ich meinte, daß Heiligung, praktische Heiligung allmählich durch das fleißige Anwenden der Gnadengaben erreicht würde. Nichts wünschte ich so sehr als Heiligung, nichts brauchte ich dringender. Doch weit entfernt, sie zu erlangen, entwand sie sich meinem Griff, je mehr ich danach strebte. Schließlich starb die Hoffnung fast dahin, und ich begann zu denken, daß Gott sie hier unten auf Erden nicht geben wollte, damit der Himmel vielleicht schöner würde. Ich glaube nicht, daß ich in meiner eigenen Kraft nach Heiligung strebte. Ich wußte ja, ich war kraftlos. Das sagte ich dem Herrn und bat ihn, mir Hilfe und Kraft zu schenken. Manchmal meinte ich fast, nun würde er mir helfen und mich aufrichten. Doch wenn ich am Abend wieder zurückblickte, gab es nichts als Sünde und Versagen zu bekennen und vor ihm zu beklagen.

Ich möchte nicht den Eindruck erwecken, daß dies die einzige Erfahrung jener langen, zermürbenden Monate war. Sie war jedoch ein häufiger Zustand der Seele, dem ich mich mehr oder weniger hingab, und der fast in Verzweiflung endete. Und doch, nie schien Christus mir kostbarer zu sein, ein Heiland, der solch einen Sünder erretten konnte und wollte! . . . Und manchmal gab es Zeiten nicht nur des Friedens, sondern auch der Freude im Herrn. Doch waren sie nur flüchtig, und bestenfalls war da eine traurige Kraftlosigkeit. Ach, wie gut war der Herr, diesen Konflikt zu Ende zu bringen!

Während der ganzen Zeit spürte ich deutlich, daß alles, was ich brauchte, in Christus war, doch die Frage war praktisch – wie es herausfinden. Er war wahrlich reich, doch ich war arm; er war stark, doch ich schwach. Ich wußte sehr wohl, daß sich in den Wurzeln und im Stamm überreichlich Nährsaft befand, doch die Frage war, wie ihn in meinen armseligen, kleinen Zweig zu bekommen. Als das Licht allmählich dämmerte, sah ich ein, daß der Glaube das einzige Erfordernis ist – ich brauchte nur die Hand auszustrecken, um seine Fülle zu der meinen zu machen. Doch diesen Glauben hatte ich nicht.

Ich strebte nach Glauben, doch er kam nicht. Ich versuchte ihn anzuwenden, doch vergeblich. Als ich die wunderbare Gnadenfülle, die in Jesus ist, mehr und mehr erkannte, das volle Genüge unseres herrlichen Heilandes, da schien mein Schuldgefühl und meine Hilflosigkeit noch zuzunehmen. Begangene Sünden schienen Kleinigkeiten verglichen mit der Sünde des Unglaubens, die ihre Ursache waren, und der Gott nicht bei seinem Wort nehmen konnte oder wollte, sondern ihn zum Lügner machte! Unglaube, so meinte ich, sei die verdammende Sünde der Welt. Doch ich gab mich ihr hin. Ich betete um Glauben, doch kam er nicht. Was sollte ich tun?

Als mein Seelenkampf seinen Höhepunkt erreichte, war es ein Satz in einem Brief des lieben McCarthy, der dazu gebraucht wurde, mir die Schuppen von den Augen zu nehmen. Der Geist Gottes offenbarte mir die Wahrheit unseres Einsseins mit Jesus, wie ich es zuvor nie gesehen hatte. McCarthy, der den gleichen Kampf durchgefochten hatte, doch das Licht vor mir sah, schrieb (ich zitiere aus der Erinnerung):

›Doch wie sollte der Glaube gestärkt werden? Nicht, indem man nach Glauben strebt, sondern indem man in dem Getreuen ausruht.‹

Als ich das las, sah ich es plötzlich! ›Glauben wir nicht, so bleibt er treu.‹ Ich blickte zu Jesus und sah (und als ich es sah, wie überströmte da die Freude!), daß er gesagt hatte: ›Ich werde dich nie verlassen.‹

›Ach, es gibt eine Ruhe!‹ dachte ich. ›Ich war vergeblich bestrebt, in Jesus zu ruhen. Nun hatte ich aufgehört zu streben. Denn hat er nicht verheißen, in mir zu bleiben – mich nie zu verlassen, noch zu versäumen?‹ Ach Liebste, er wird es nie tun.

Doch das war nicht alles, was er mir zeigte, noch nicht einmal die Hälfte. Als ich an den Weinstock und die Reben dachte, welch ein Licht ergoß der Heilige Geist da in meine Seele! Wie groß schien mein Fehler gewesen zu sein, den Nährsaft, die Fülle *aus* ihm haben zu wollen! Ich sah nicht nur, daß Jesus mich nie verlassen wird, sondern daß ich ein Glied an seinem Leibe bin, von seinem Fleisch und Blut. Der Weinstock besteht nicht nur aus der Wurzel, sondern ist alles: Wurzel, Stamm, Zweige, Schosse, Reben, Blätter, Blüten und Frucht. Und Jesus ist nicht nur all das, er ist auch der Ackerboden und Sonnenschein, Sauerstoff und Regenschauer und zehntausendmal mehr als das, was wir uns erträumt, gewünscht und gebraucht haben. Ach, die Freude, diese Wahrheit zu erkennen! Ich bete darum, daß die Augen Deines Verständnisses auch erleuchtet werden möchten, daß Du die Reichtümer, die uns in Christus frei gegeben sind, erkennen und Dich an ihnen erfreuen möchtest.

Ach, meine liebe Schwester, es ist etwas wahrhaft Wunderbares, wirklich eins mit dem auferstandenen Heiland zu sein, ein Glied Christi! Denke doch nur, was das alles mit sich zieht. Kann Christus reich und ich arm sein? Kann Deine rechte Hand reich und Deine linke Hand arm sein? Oder Dein Kopf wohlgenährt sein, während Dein Leib hungert? Denke wiederum an die Auswirkungen auf das Gebet. Kann ein Bankangestellter zu einem Kunden sagen: ›Es war ja nur Ihre Hand, nicht Sie selbst, die den Scheck schrieb‹, oder: ›Ich kann diese Summe nur Ihrer Hand, nicht aber Ihnen selbst auszahlen?‹ Nicht weniger können Deine oder meine Gebete im Namen Jesu in Mißkredit gebracht werden (d. h. wenn sie nicht nur um Jesu willen gebetet werden, sondern auf der Basis, daß wir sein sind, seine Glieder), solange wir uns in den Grenzen von Christi Verdienst bewegen – eine ziemlich weit gesteckte Grenze! Wenn wir um etwas nicht Schriftgemäßes bitten oder um etwas, was nicht mit dem Willen Gottes in Einklang zu bringen ist, dann könnte Christus selbst das nicht tun. Doch ›so wir etwas bitten nach seinem Willen . . . so wissen wir, daß wir die Bitten haben, die wir von ihm gebeten haben.‹

Das Schönste dabei, wenn man davon sprechen kann, daß ein Teil schöner ist als der andere, ist die Ruhe und der Friede, die die völlige Identifizierung mit Christus mit sich bringt. Jetzt, da ich das erkenne, bin ich über dies oder jenes nicht mehr besorgt, denn ich weiß, er ist fähig, seinen Willen auszuführen, und sein Wille ist meiner. Es ist unwesentlich, wohin oder wie er mich hinstellt. Das geht eher ihn an als mich. Denn in den einfachsten Situationen muß er mir seine Gnade geben, und in den schwierigsten wird seine Gnade auch genügen. Es macht meinem Diener wenig aus, ob ich ihn zu einem kleinen Einkauf schicke mit nur wenigen Pfennigen oder zu einem großen der teuersten Artikel. In jedem Fall erwartet er von mir das Geld und bringt mir das Eingekaufte. Sollte Gott mich in ernsthafte, verworrene Umstände stellen, muß er mir Wegweisung geben, in Notlagen viel Gnade, in Bewährungsproben viel Kraft. Wir brauchen keine Angst zu haben, daß seine Hilfsquellen den Notlagen nicht gewachsen sind! Und seine Hilfsquellen sind mein, denn er ist mein, er ist mit mir und lebt mit mir.

Und da Christus im Glauben so in meinem Herzen wohnt, wie glücklich bin ich seither! Ich wünschte, ich könnte Dir davon sagen, anstatt Dir zu schreiben. Ich bin nicht besser als zuvor. In gewissem Sinne möchte ich das auch nicht und strebe auch nicht danach. Doch bin ich gestorben und mit Christus begraben – ja, doch auch auferstanden! Und nun lebt Christus in mir, doch ›was ich jetzt lebe im Fleisch, das lebe ich in dem Glauben des Sohnes Gottes, der mich geliebt hat und sich selbst für mich dargegeben‹ . . .

Und jetzt muß ich schließen. Ich habe nicht die Hälfte gesagt von dem, was ich eigentlich wollte, noch wie ich es sagen wollte, hätte ich mehr Zeit gehabt. Möge Gott es Dir schenken, daß Du Dir diese segensreichen Wahrheiten zu eigen machen kannst. Laß uns nicht weiterhin folgendes sagen: ›Wer soll in den Himmel steigen? (d. h. um Christus von oben herabzubringen).‹ Mit anderen Worten, laß uns ihn nicht von weither betrachten, wenn uns Gott doch eins mit ihm gemacht hat, Glieder seines Leibes. Auch sollten wir diese Erfahrungen, diese Wahrheiten nicht als wenigen zugänglich erachten. Sie sind das Geburtsrecht jedes Gotteskindes. Und niemand kann auf sie verzichten, ohne unserem Herrn Unehre zu machen. Die einzige Macht zur Befreiung von Sünde oder Befähigung zum wahren Dienst ist Christus.«

Und es war alles so einfach und praktisch! Das fand die beschäftigte Mutter heraus, als sie auch in diese Glaubensruhe trat.

»Aber sind Sie sich dessen immer bewußt, in Christus zu bleiben?« wurde Hudson Taylor viele Jahre später gefragt.

»Als ich gestern abend schlief«, erwiderte er, »hörte ich da auf, in Ihrem Heim zu bleiben, nur weil ich mir der Tatsache unbewußt war? Wir sollten uns dessen nie bewußt sein, *nicht* in Christus zu bleiben.«

# Kapitel 15
# Gestillter Durst

Was nun? Ich frage nicht besorgt!
Ich weiß, es werden Tränen, Angst und Not kommen –
doch auch der liebende Heiland nähert sich
und spricht: »Ich sorge für das Morgen.«

Es war eine Erfahrung, die durchaus die Probe bestand, als Monate und Jahre verstrichen. Nie wieder kamen die unbefriedigten Tage zurück, nie wieder war die notleidende Seele von der Fülle Christi abgeschnitten. Bewährungsproben kamen, größere und schwerere als je zuvor, doch in allen floß die Freude ungehindert von der Gegenwart des Herrn selbst. Denn Hudson Taylor hatte das Geheimnis der Seelenruhe gefunden. Diese Erfahrung hatte ihn nicht nur in ein volleres Verständnis des Herrn Jesu selbst und alles dessen, was er für uns ist, hineingeführt, sondern auch zu einer vollkommeneren Hingabe – ja, zu einer Selbstaufopferung für ihn.

»Ich bin über dies oder jenes nicht mehr besorgt«, hatte er geschrieben, wie wir gesehen haben . . . »denn ich weiß, er ist fähig, seinen Willen auszuführen, und sein Wille ist meiner. Es ist unwesentlich, wohin oder wie er mich hinstellt. Das geht eher ihn an als mich. Denn in den einfachsten Situationen muß er mir seine Gnade geben, und in den schwierigsten wird seine Gnade auch genügen. Es macht meinem Diener wenig aus, ob ich ihn zu einem kleinen Einkauf schicke mit nur wenigen Pfennigen oder zu einem großen der teuersten Artikel. In jedem Fall erwartet er von mir das Geld und bringt mir das Eingekaufte. Sollte Gott mich also in ernsthafte, verworrene Umstände stellen, muß er mir Wegweisung geben, in Notlagen viel Gnade, in Bewährungsproben viel Kraft. Wir brauchen keine Angst zu haben, daß seine Hilfsquellen den Notlagen nicht gewachsen sind! Und seine Hilfsquellen sind mein, denn er ist mein, er ist mit mir und lebt in mir.«

Die Hingabe an Christus hatte er schon lange vollzogen, doch dies war mehr. Dies war eine neue Auslieferung, eine frohe, rückhaltlose Übergabe aller Dinge an ihn. Es war nicht mehr die Frage, ob er dies oder jenes aufgeben sollte, wenn der Herr es verlangte; es war eine treue, liebende Hinnahme und frohes Ausführen seines Willens in kleinen und in großen Dingen, als dem Allerbesten, das er für die Seinen hatte.

Dies machte die Prüfungen des folgenden Sommers zu einem Triumph der Gnade Gottes, der das »Tränental« in »Wasserbrunnen« umwandelte, von denen noch Segensströme fließen.

Noch vor der gefährlichen Situation und der allgemeinen Erregung, die in dem Massaker von Tientsin ihren Höhepunkt fand, mußten Taylor und seine Frau tiefen persönlichen Kummer erleben. Die Zeit war gekommen, da die unvermeidliche Trennung von ihren Kindern sich nicht länger hinauszögern ließ. Es gab keine Schulen in China, in denen sie fortgebildet werden konnten. Auch gab es noch keine Kurorte, in die man, wie in späterer Zeit, vor der Hitze des Sommers fliehen konnte. Das Klima und die Entbehrungen ihres Lebens hatten sich auf die Gesundheit der Kinder ausgewirkt. Ein kleines Grab heiligte im Herzen der Eltern den Boden Chinas schon. So nahmen sie dankbar das Angebot ihrer Sekretärin und treuen Freundin, Miss Emily Blatchley, an, die die drei Buben und das kleine Mädchen nach England bringen wollte, um dort für sie zu sorgen.

Dies bedeutete eine sehr lange Trennung, denn Ost und West waren so viel weiter von einander entfernt als heute! Doch noch bevor die kleinen Reisenden zur Küste begleitet werden konnten, mußte noch ein längerer Abschied genommen werden. Der fünfjährige jüngste der Buben, ein besonders anhänglicher kleiner Bursche, war derjenige, dessen Gesundheit am meisten angegriffen war. Mit Besorgnis sahen die Eltern, daß die Belastung der kommenden Trennung seinen chronischen Zustand noch verschlechterte. Die ganze Nacht über wachten sie bei ihm auf dem Boot, das sie von Yangchow den Kanal hinunterbrachte, doch als die Dämmerung anbrach, fiel er in einen tiefen Schlaf und ging von den trüben Wassern des Jangtse ohne Schmerz und Furcht hinüber in das bessere Land.

Vor einem tobenden Sturm überquerten die Eltern den Fluß – der dort ungefähr zwei Meilen breit ist –, um ihren Schatz auf den Friedhof von Chinkiang zu betten. Dann fuhren sie mit den anderen weiter nach Shanghai. Wenig später, nachdem man sie alle an Bord des französischen Schiffes gebracht hatte, das mit anbrechendem Tageslicht in See stechen sollte, schrieb Taylor an Berger:

»Ich habe sie in China zum letzten Male wach gesehen. (Er war zurückgekehrt, um Mrs. Taylor zu holen, die sich noch auf dem Dampfer befand.) Um zwei unserer beiden Kleinen sorgen wir uns nicht. Sie ruhen an Jesu Brust. Und nun, lieber Bruder, durch einen Schleier von Tränen, die sich nicht zurückhalten lassen, danke ich Gott, der einem so Unwürdigen erlaubt hat, an diesem großen Werk teilzuhaben, und es tut mir nicht leid, daß ich mich damit abgegeben habe. Es ist sein Werk, nicht meins oder Ihres; und doch ist es unser – nicht weil wir uns dafür einsetzen, sondern weil wir sein sind und eins mit ihm, dessen Werk es ist.«

Diese Realität stützte sie. Nie hatte es einen unruhigeren Sommer in China gegeben, als der gegenwärtige (1870). Doch selbst mitten darin, mit einem Verlangen nach ihren Kindern, das unbeschreiblich war, hatten sie zu keiner Zeit nie mehr Frieden und Freude in Gott.

»Ich konnte nicht umhin, die Gnade und Kraft zu bewundern, die die zärtlichste aller Mütter stützte und tröstete«, schrieb Taylor, als er später daran dachte. »Das Geheimnis war, daß Jesus den tiefen Durst des Herzens und der Seele stillte.«

Mrs. Taylor zeigte sich in jenem Sommer als die Stärkste. Es schien, als ob sie emporgehoben würde durch den Ansturm der Nöte, der um sie herum tobte. Krankheit war in der Mission weit verbreitet. Bevor sie Chinkiang erreichen konnten, nachdem sie sich von den Kindern getrennt hatten, bekamen sie die Nachricht, daß Mrs. Judd schwer krank war und mit dem Tode rang. Taylor konnte das Boot wegen eines anderen Patienten nicht verlassen, doch willigte er ein, daß Mrs. Taylor allein weiterfuhr, um, soweit sie konnte, Hilfe zu leisten.

Nach vielen Tagen und Nächten der Krankenpflege war Judd fast am Ende seiner Kraft, als er unten im Hof einen unerwarteten Ankömmling vernahm. Wer konnte zu so später Stunde kommen, und woher? Kein Dampfer war den Fluß heraufgekommen, und einheimische Boote pflegten nach Einbruch der Dunkelheit nicht mehr zu reisen. Außerdem war es ein Schubkarren, der da eintrudelte. Eine

Frau war allein eine lange Tagereise weit auf jenem ungefederten Karren gekommen. Bald erkannte er auch das Gesicht, das er von allen anderen wohl am meisten zu sehen gewünscht hatte.

»Obwohl Mrs. Taylor zu der Zeit sehr litt«, so erinnert er sich, »und von der anstrengenden Reise sehr ermüdet war, bestand sie darauf, daß ich zu Bett ging und daß sie die Krankenpflege übernahm. Nichts brachte sie dazu, sich zur Ruhe zu legen.

›Nein‹, sagte sie. ›Sie haben genug zu tragen gehabt, ohne nachts auch noch aufzubleiben. Gehen Sie zu Bett. Ich werde bei Ihrer Frau bleiben, ob Sie es wollen oder nicht.‹

Nie werde ich die Festigkeit und die Liebe vergessen, mit der sie das sagte – dabei spiegelte ihr Gesicht dessen Güte wider, in dem sie voller Freude und Kraft ruhte.«

Nichts anderes als das Gebet brachte die Patientin durch, wie auch nichts anderes als das Gebet die Situation in mancher Stunde der Gefahr in jenem Sommer rettete.

»Wir haben früher schon auf der einen oder anderen Station Schwierigkeiten gehabt«, schrieb Taylor an die Freunde der Mission, »doch jetzt erschüttert fast in allen gleichzeitig eine weitverbreitete Erregung die Grundfesten der chinesischen Gesellschaft. Es ist unmöglich, die Bestürzung und Entrüstung der Chinesen zu beschreiben, als sie zuerst glaubten, einheimische Zauberer hätten sie verhext, und dann ihre Empörung und ihren Zorn, als man ihnen sagte, daß diese hinterlistigen Feinde die Agenten der Ausländer seien. Es ist wohl bekannt, wie sie sich in Tientsin erhoben und die Schwestern der Caritas barbarisch ermordeten, den Priester und selbst den französischen Konsul. Was hielt sie dann im Inneren Chinas zurück, wo unsere Brüder allein standen, weit weg von jeder schützenden menschlichen Macht? Nichts als die mächtige Hand Gottes in Erhörung auf das vereinte, ständige Gebet in dem alles überwindenden Namen Jesu. Und diese gleiche Kraft ließ uns in Jesu unser Genüge finden – an seiner Gegenwart, seiner Liebe, seiner Fügung.«

Es ist leicht, von solchen Erlebnissen zu lesen, doch nur diejenigen, die auch solche Gefahrenmomente durchlebt haben, können sich die Situation etwas vorstellen. Die Hitze in jenem Sommer war ungewöhnlich stark und anhaltend, welches zur Unruhe der einheimischen Bevölkerung noch beitrug. Frauen und Kinder mußten an die Küste gebracht werden. Für kurze Zeit schien es, als ob die chinesischen Behörden von ihnen verlangten, daß sie das Land verließen. Dies brachte viel Korrespondenz mit chinesischen und ausländischen Beamten mit sich sowie häufigen Briefwechsel mit Mitarbeitern, die sich am meisten in Gefahr befanden. Die Unterbringungsmöglichkeiten im Missionshaus in Chinkiang waren bis zum letzten Platz erschöpft, und so groß war die Erregung unter den Chinesen, daß keine zusätzlichen Quartiere zu erhalten waren.

»Die alten Zeiten scheinen wiedergekehrt zu sein«, schrieb Hudson Taylor im Juni in Anlehnung an den Yangchow-Aufstand, »nur mit dem Unterschied, daß unsere Sorge jetzt nicht auf einen Ort beschränkt ist.«

Mittlerweile sah es so aus, als ob alle Flußstationen aufgegeben werden müßten. Hudson Taylor und seine Frau hatten sich in Chinkiang niedergelassen, da es zentraler lag als Yangchow. Er schlief auf dem Fußboden im Wohnzimmer oder im Flur, damit sie ihr Zimmer mit anderen Damen teilen konnte.

»Eine Schwierigkeit folgt der anderen auf dem Fuße«, schrieb er nach dem Tientsin-Massaker, »doch Gott regiert und nicht der Zufall. In Nangking war die Stimmung angsterregend . . . Hier gehen die Gerüchte hoffentlich vorbei, doch von Yangchow sind sie ziemlich schlimm . . . Betet viel für uns. Mein Herz ist ruhig, aber mein Kopf schwer von den ständig aufeinander folgenden Nöten und Schwierigkeiten.«

Doch den äußeren Nöten gelang es nicht, die geistliche Seite der Arbeit zu behindern, an der Mr. und Mrs. Taylor vollen Anteil nahmen. In den heißesten Tagen des Juni schrieb letztere an Miss Blatchley:

»Wir haben am Sonntag und an zwei oder drei Abenden in der Woche Klassen abgehalten, um die chinesischen Christen, die lesen können, zu ermuntern, in der Schrift zu forschen und diejenigen zu unterrichten, die nicht lesen können, um damit den jüngeren Mitgliedern der Mission ein Beispiel zu geben, die sehr wohl wissen, daß wir keinen Mangel an Arbeit haben. Das mag ihnen als praktischer Beweis dafür dienen, wie sehr wichtig wir es halten, daß die

Christen und andere um uns lesen lernen, damit sie selbst das Wort Gottes verstehen können.«

Die Freude, die Taylor in seiner geistlichen Erfahrung gemacht hatte, schien sich zu vertiefen, anstatt durch die gegenwärtige schwere Notlage behindert zu werden. Seine Briefe offenbaren nicht so sehr den Druck der Schwierigkeiten und Probleme, sondern vielmehr den vollen Strom des Segens, der ihn durch alles hindurchtrug. An Miss Desgranz schrieb er zum Beispiel Mitte Juni, nachdem er sorgfältig ihren Brief über die Lage in Yangchow beantwortet hatte:

»Und jetzt habe ich die gleiche Schriftstelle für Sie, die Gott so an meiner Seele gesegnet hat! Johannes 7, 37–39: ›Wen da dürstet, der komme zu mir und trinke.‹ Wen dürstet nicht? Wer hat nicht Durst des Geistes oder des Herzens, seelischen oder leiblichen Durst? Unabhängig davon, welchen Durst ich habe, oder ob ich sie alle habe, heißt es: ›Kommet her zu mir‹ und bleibt durstig? Nein, sondern ›der komme zu mir und trinke‹.

Was, kann Jesus sich meiner Not annehmen? Ja, durchaus und mehr als das. Einerlei, wie verschlungen mein Pfad auch ist, wie schwierig mein Dienst; einerlei, wie groß der Verlust eines dahingegangenen Menschen auch ist, wie weit meine Lieben von mir entfernt sind; einerlei, wie hilflos ich auch bin, wie tief das Sehnen meiner Seele – Jesus kann dem allen abhelfen, allem, und noch mehr als das. Er verheißt mir nicht nur Ruhe und Frieden – und wie willkommen wäre selbst das –, er verheißt mir nicht nur einen Trunk, um meinen Durst zu stillen. Nein, viel mehr als das! ›Wer mir in dieser Angelegenheit vertraut (wer an mich glaubt, mich bei meinem Wort nimmt), von des Leibe . . . werden fließen . . .‹

Kann es denn sein? Daß nicht nur der Durstige erfrischt wird – der ausgedörrte Boden durchnäßt und die trockene Luft abgekühlt – sondern daß das Land so durchsättigt wird, daß Quellen entspringen und Ströme daraus fließen? Genau so ist es! Und nicht nur wie Bergbäche, die voller Wasser sind, wenn es regnet, danach aber austrocknen . . . sondern von innen ›sollen Ströme fließen‹ – Ströme, wie der mächtige Jangtse, immer tief und voll. In Zeiten der Dürre versiegen Bäche oft, Kanäle werden leergepumpt, doch der Jangtse ist immer voll. Immer ist er ein mächtiger Strom, immer fließt er unhaltbar dahin!«

»›Der komme her zu mir und trinke‹«, schrieb er in einem anderen Brief im Juni. »Nein, komme nicht und nimm einen hastigen Schluck; nein, komme nicht und laß deinen Durst nur etwas lindern, auch nicht für eine kurze Zeit. Nein! ›Trinke‹ oder ›sei trinkend‹, ständig, gewohnheitsmäßig. Die Ursache des Durstes mag unheilbar sein. Ein Kommen und ein Trinken mag erfrischen und erquicken: doch wir sollen immer kommen, immer trinken. Ohne Furcht davor, die Quelle je zu leeren oder den Strom zu erschöpfen!«

Wie sehr der Trost Christi in jenem Sommer von ihm selbst gebraucht werden sollte, wußte er zum Zeitpunkt seines Schreibens nicht. Doch der, dem er in neuer und tiefer Hingabe vertraute, verließ ihn nicht.

Sechs Wochen später vermischten sich Freude und Kummer im Missionshaus in Chinkiang auf seltsame Weise. Ein kleiner Sohn wurde den Taylors geschenkt und erfüllte ihr Herz mit Freude. Doch ein Anfall von Cholera hatte die Mutter sehr geschwächt, und der Mangel an natürlicher Ernährung wirkte sich auf das Kind aus. Als eine chinesische Amme gefunden werden konnte, war es zu spät, um das kleine Leben zu retten. Nach nur einer Woche auf Erden ging er nach dem Zuhause da droben, in welches seine Mutter ihm so bald folgen sollte.

»Obgleich sie körperlich so geschwächt war«, schrieb Hudson Taylor, »kann ich keine Worte für ihren tiefen Seelenfrieden finden: die Erkenntnis der Gegenwart des Herrn und die Freude an seinem heiligen Willen, mit der sie erfüllt war, und an der ich teilhaben durfte.«

Sie wählte selbst die Lieder aus, die bei ihrer Beerdigung gesungen werden sollten. Eines davon, »Heiliger Heiland, unsichtbarer Freund«, schien ihr besonders im Sinn zu sein.

Obwohl sie so schwach war, war es ihnen nicht in den Sinn gekommen, daß ihre Tage gezählt waren. Die große Liebe, die ihre Herzen so eng verbunden hatte, verscheuchte den Gedanken der Trennung. Sie war doch erst dreiunddreißig. Bis zuletzt hatte sie keine Schmerzen, nur zunehmende Mattigkeit. Zwei Tage vor dem Heimgang kam ein Brief von Mrs. Berger an, der von der sicheren Ankunft Miss Blatchleys und der anderen Kinder berichtete.*

Alle Einzelheiten ihrer Ankunft und der Vorbereitungen für ihr Wohlergehen erfüllten das Herz der Mutter mit Freude. Sie konnte nicht dankbar genug sein und schien keinen anderen Wunsch zu haben, als Gott für seine große Güte zu danken. Oft hatten die Briefe von Mrs. Berger zur rechten Zeit ihr Ziel erreicht, oft hatte ihr liebendes Herz die Umstände vorausgesehen, unter denen sie empfangen werden würden, doch nie war ein Brief rechtzeitiger angekommen.

»Und nun leben Sie wohl, liebste Freundin«, schrieb sie. »Möge der Herr seine ewigen Arme um Sie legen.«

Und in jenen Armen ruhte sie.

»Nie habe ich so etwas miterlebt«, schrieb jemand, der anwesend war. »Als die liebe Mrs. Taylor ihren letzten Atemzug tat, kniete Mr. Taylor nieder und übergab sie dem Herrn. Er dankte ihm, daß er sie ihm für zwölfeinhalb Jahre ungetrübten Glückes gegeben hatte, daß er sie in seine Gegenwart gerufen hatte und lieferte sich ihm erneut feierlich zum Dienst aus.«

Die Sommersonne erhob sich über der Stadt, den Hügeln und dem Fluß. Das geschäftige Treiben pulsierenden Lebens drang zu ihnen aus vielen Höfen und Straßen empor. Doch in dem oberen Stockwerk eines chinesischen Hauses, von dem aus man das Blau des Himmels sehen konnte, weilte ein überirdischer Friede.

»Der soll nimmermehr dürsten« – würde es, konnte es jetzt auch wahr sein? »Die Erkenntnis, daß ›soll‹ *soll* heißt, daß ›nimmermehr‹ *nimmermehr* heißt, und daß ›dürsten‹ *unbefriedigte Not* heißt«, sagte Taylor oft in späteren Jahren, »mag die größte Offenbarung sein, die Gott uns je gemacht hat.« In jenen Tagen äußerster Vereinsamung wurde die Verheißung seinem brechenden Herzen zur Wirklichkeit.

An seine Mutter schrieb er im August:

»Aus tiefster Seele erfreue ich mich der Gewißheit, daß Gott alles

* Ein Kind nur blieb bei Mr. und Mrs. Taylor, ihr vierter Sohn, der nach dem Yangchow-Aufstand geboren wurde.

zuläßt, und alle Dinge zum Besten dienen läßt, denen, die ihn lieben. Er allein wußte, was meine geliebte Frau mir war. Er wußte, daß sie das Licht meiner Augen und die Freude meines Herzens war. Am letzten Tag ihres Lebens – wir dachten mit keinem Gedanken daran, daß es der letzte sein könne – erfreuten wir uns gegenseitig an der nie veraltenden Geschichte unserer Liebe füreinander . . . und ihr letzter Liebesbeweis war, mit einem Arm um meinen Hals, ihre Hand auf meinen Kopf zu legen, um, wie ich glaube, wortlos einen Segen auf mich herabzuflehen, denn sie konnte nur noch ihre Lippen bewegen. Doch der Herr sah, daß es gut war, sie in die Ewigkeit zu nehmen – gut für sie, und in seiner Liebe nahm er sie schmerzlos –, und nicht weniger gut für mich, der ich nun allein mich abmühen und leiden muß, und dennoch nicht allein, denn Gott ist mir näher denn je.«

Und an Mr. Berger:

»Wenn ich an meinen Verlust denke, erhebt sich mein Herz, obwohl es fast zerbricht, in Dankbarkeit zu Gott, der ihr soviel Kummer ersparte und sie unbeschreiblich glücklich machte. Meine Tränen sind mehr Tränen der Freude statt des Schmerzes. Doch am meisten freue ich mich an Gott durch unseren Herrn Jesus Christus – an seinen Werken, seinen Wegen, seiner Vorausicht, ja an ihm selbst. Er läßt mich ›prüfen‹ (auf die Probe stellen), ›welches da sei der gute, wohlgefällige und vollkommene Gotteswille‹. Ich freue mich in diesem Willen; er ist wohlgefällig, vollkommen; er ist Liebe in Aktion. Und bald werden wir in jenem guten Willen vereinigt werden, um uns nie wieder zu trennen. ›Vater, ich will, daß wo ich bin, auch die bei mir seien, die du mir gegeben hast.‹«

Doch dann kam eine gewisse Reaktion auf dies alles, besonders als Krankheit ihn überfiel und er lange Nächte durchwachte.

»Wie einsam waren die zermürbenden Stunden«, erinnert Mr. Taylor sich, »als ich an mein Zimmer gefesselt war! Wie vermißte ich meine liebe Frau und die Stimmen der Kinder, die nun weit weg in England weilten! Da verstand ich, warum der Herr mir jene Stelle so real gemacht hatte, ›wer aber von dem Wasser trinken wird, das ich ihm gebe, den wird ewiglich nicht dürsten‹. Vielleicht zwanzig Mal am Tage, wenn ich den Herzensdurst wiederkommen fühlte, schrie ich zu ihm: ›Herr, du hast es verheißen! Du hast verheißen, daß ich nie wieder dürsten werde.‹

Und ob ich bei Tage oder bei Nacht rief, wie schnell kam er und befriedigte den Kummer meines Herzens. So sehr, daß ich mich oft fragte, ob es meiner Geliebten, die von mir genommen war, möglich sei, sich mehr in seiner Gegenwart zu freuen, als ich in meinem einsamen Stübchen. Er erfüllte buchstäblich das Gebet:

Herr Jesus, mach dich selbst für mich
zur lebendigen Realität;
gegenwärtiger im Blick des Glaubens
als jeder sichtbare Gegenstand;
liebenswerter und vertrauter
als selbst das engste, irdische Band.«

Aus den vielen Briefen dieser Zeit sind keine kostbarer und aufschlußreicher als die, die er an die Kinder schreiben konnte, nach denen sich sein Herz mit solch großer Liebe sehnte.

»Ihr wißt gar nicht, wie oft Vater an seine Lieblinge denkt, und wie oft er Eure Photographien anschaut, bis Tränen seine Augen füllen. Manchmal hat er fast Angst, daran zu denken, wie weit Ihr von ihm fort seid, damit er nicht unzufrieden wird. Doch dann sagt der liebe Herr Jesus, der ihn nie verläßt: ›Fürchte dich nicht: ich will dein Herz befriedigen‹. . . Und ich bin so dankbar und froh, daß er in meinem Herzen lebt und mich auf rechtem Wege führt.

Ich wünschte, Ihr, meine Lieben, wüßtet, was es heißt, Eure Herzen jeden Tag Jesus anzuvertrauen. Ich versuchte, mein Herz selbst rechtschaffen zu halten, doch mißlang mir das immer wieder. Schließlich mußte ich aufhören, es immer wieder selbst zu versuchen, und des Herrn Anerbieten annehmen, es für mich zu tun. Meint Ihr nicht, das sei der beste Weg? Vielleicht denkt Ihr auch manchmal: ›Ich will versuchen, nicht selbstsüchtig oder unfreundlich oder ungehorsam zu sein.‹ Doch obwohl Ihr es wirklich versucht, schafft Ihr es nicht. Aber Jesus sagt: ›Ihr solltet mir das anvertrauen. Ich würde das kleine Herz bewahren, wenn Ihr es mir anvertrauen würdet.‹ Und das würde er auch tun.

Einst versuchte ich sehr viel und oft an Jesus zu denken, doch ich vergaß ihn oft. Jetzt vertraue ich Jesus, daß er mein Herz an sich erinnert, und das tut er auch. Das ist der beste Weg. Bittet die liebe Miss Blatchley, Euch mehr davon zu erzählen, und bittet Gott, es Euch klarzumachen, und er wird Euch helfen, dem Herrn Jesus so zu vertrauen.«

An Miss Blatchley schrieb er über das gleiche Thema aus dem unbequemen Quartier eines Küstendampfers:

»Ich habe wieder an die lieben Kinder geschrieben. Ich möchte so gern, daß sie . . . die kostbaren Wahrheiten früh erkennen, die mir so spät aufgegangen sind, nämlich das Einssein mit dem innewohnenden Christus. Diese scheinen mir nicht schwerer verständlich als die Wahrheiten über die Erlösung. Beide brauchen nur die Belehrung durch den Heiligen Geist, nichts weiter. Möge Gott Ihnen helfen, Christus vor diesen Kleinen auszuleben und ihm an ihnen zu dienen. Wie wunderbar hat er uns geführt und belehrt! Wie wenig glaubte ich, daß der Herzensfriede, dessen ich mich jetzt freuen darf, hier unten überhaupt möglich sei! Es ist, als wenn der Himmel hier unten beginnt, nicht wahr? . . . Verglichen mit dieser Verbindung mit Christus sind Himmel oder Erde unwichtige Faktoren.«

»Ach, es ist herrlich, Jesus in dir zu haben und zu spüren«, schrieb er an seine Schwester auf der gleichen Reise. »Herrlich, zu merken, daß dein Herz ganz von ihm eingenommen ist, daß du an seine Liebe erinnert wirst, weil er zu allen Zeiten mit dir Gemeinschaft sucht, und du nicht immer wieder versuchen mußt, in ihm zu bleiben. Er ist unser Leben, unsere Kraft, unsere Erlösung. Er ist uns ›Weisheit und Gerechtigkeit, Heiligung und Erlösung‹. Er ist die Kraft zum Dienst und zum Fruchtbringen, und seine Brust ist unser Ruheort, jetzt und immerdar.«

Währenddessen ließen die äußeren Schwierigkeiten keinesfalls nach. Politisch sah die Lage bedrohlicher aus, als Taylor sie in China je erlebt hatte. Die Forderungen, die sich aus dem Tientsin-Massaker erhoben, bei dem einundzwanzig Ausländer, der französische Konsul mit eingeschlossen, ihr Leben verloren hatten, waren noch unerfüllt. Die chinesischen Behörden, die wußten, daß

Europa in einen Krieg verwickelt war, unternahmen keine Schritte, antiausländischen Agitationen zu wehren*.

Wir wollen noch aus einem weiteren Brief zitieren, der etwas von dem Geist erkennen läßt, mit dem den Gefahren von 1870 begegnet wurde. Hudson Taylor erließ einen Aufruf zu einem Gebets- und Fastentag, bevor sich das Jahr dem Ende zuneigte.

»Das verflossene Jahr ist in vieler Hinsicht ungewöhnlich gewesen. Vielleicht ist jeder von uns mehr denn je von Gefahr, Bestürzung und Not heimgesucht worden. Doch aus alle dem hat uns der Herr erlöst. Und jene, die einen tieferen Zug aus dem Becher des Schmerzensmannes getan haben, können bezeugen, daß es für ihre Seelen ein segensreiches Jahr war, und können Gott Dank dafür sagen. Für mich persönlich war es das leidvollste und segensreichste meines Lebens, und ich zweifle nicht daran, daß andere irgendwie die gleiche Erfahrung gemacht haben. Wir haben die Treue Gottes auf die Probe gestellt – sowohl seine Macht, in Not zu stützen und im Leid Geduld zu geben, als auch aus Gefahr zu befreien. Und sollten größere Gefahren auf uns lauern, sollte tieferes Leid kommen . . . so hoffen wir, daß ihm mit gestärktem Vertrauen in unseren Gott begegnet wird.

Wir haben Grund genug, in einer Sache besonders dankbar zu sein: wir befinden uns in der Lage, den chinesischen Christen zu zeigen, daß wir und sie in Gefahr gewesen sind und es wieder sein können. Zweifellos sind sie dadurch gestärkt worden, daß sie von der ›ausländischen Macht‹ hinweg auf Gott selbst blicken lernten durch die Tatsachen, daß einmal sich die erstere als ungewiß und unzuverlässig erwiesen hat, und zum andern, daß wir in Ruhe und Freude auf unserem Posten ausgeharrt und unsere Pflicht erfüllt haben. Wenn wir irgendwie versäumt haben, diese Gelegenheit zu ihrem Guten auszunutzen, oder wenn wir selbst uns nicht an Gottes Macht

* »Nie habe ich bei Lebzeiten von solchen Ereignissen gehört«, schrieb Berger, »ob im Zusammenhang mit unserer Mission oder der Welt im allgemeinen. Rom ist jetzt wohl die Hauptstadt des freien Italiens. Frankreich ist bis zum letzten gedemütigt. Die weltliche Macht des Papstes gibt es nicht mehr. China scheint sich dazu zu entschließen, Ausländer auszuweisen, unter ihnen die Herolde des Kreuzes. Wir selbst haben den Verlust des treuesten Mitarbeiters für Chinas Millionen zu beklagen, der sich je fand. In ihm haben wir einen der besten Freunde verloren. ›Seid stille und erkennet, daß ich Gott bin‹ ist ein passendes Wort für diesen kritischen Augenblick. Mögen wir alle die Gnade haben, darauf zu achten.«

gehalten haben, uns zu bewahren und uns vor Gefahr zu beschützen, so wie er es für am besten hält, dann wollen wir dies demütig unserem treuen Gott bekennen, der seinen Bund hält . . .

Ich hoffe, wir sind es alle wohl zufrieden, daß wir Gottes Diener sind und von ihm an die verschiedenen Posten geschickt wurden, die wir jetzt einnehmen, um auf ihnen sein Werk zu tun. Er hat uns die Türen geöffnet, durch die wir eingegangen sind, und während der Unruhen hat er uns bewahrt. Wir kamen nicht nach China, weil die Missionsarbeit hier leicht oder sicher war, sondern weil er uns berufen hat. Wir haben unsere Posten nicht mit der Garantie menschlichen Schutzes bezogen, sondern indem wir uns auf die Verheißung seiner Gegenwart verließen. Die leichten und schwierigen Situationen, die anscheinende Sicherheit oder Gefahr und menschliche Billigung oder Mißbilligung beeinträchtigen unsere Pflichterfüllung in keiner Weise. Sollten sich Umstände ergeben, die uns in besondere Gefahr bringen, so werden wir hoffentlich die Gnade haben, die Tiefe und Realität unseres Vertrauens auf ihn deutlich zu machen und durch Treue an unserer Aufgabe beweisen, daß wir die Nachfolger des guten Hirten sind, der selbst vor dem Tod nicht zurückschreckte . . . Doch wenn wir *dann* einen solchen Geist deutlich machen wollen, müssen wir *jetzt* die nötige Gnade suchen. Es ist zu spät, im Angesicht des Feindes nach Waffen zu laufen und eine Waffenübung zu beginnen.«

In bezug auf finanzielle Mittel fuhr Taylor fort:

»Ich brauche Sie nicht an die großzügige Hilfe zu erinnern, die der Herr uns in Zeiten der Not von gewissen Spendern direkt geschickt hat, noch an die segensreiche Tatsache, daß er treu ist und sich selbst nicht verleugnen kann. Wenn wir ihm wirklich vertrauen und ihn um Hilfe ersuchen, wird er uns nicht zuschanden werden lassen. Wenn nicht, dann ist es besser, die Unlauterkeit einer anderen Grundlage so schnell wie möglich herauszufinden. Die Missionsgelder oder die Spender sind ein armseliger Ersatz für den lebendigen Gott.«

Tage des Leides und Nächte der Depressionen kamen Anfang des Jahres 1871 durch einen körperlichen Zusammenbruch. Hudson Taylor hatte eine schwer angegriffene Leber, die ihn schlaflos machte und zu schmerzlichen Depressionen führte. Dies wurde noch von Beschwerden in der Brust verschlimmert, die nicht nur Schmerzen verursachten, sondern auch das Atmen erschwerten. Und die Zeit heilte das Bewußtsein seines Verlustes durch den Heimgang seiner Frau auch nicht. Unter diesen Umständen entdeckte er neue Kraft und Schönheit in der Verheißung, die ihm schon so wichtig geworden war. »Wer von dem Wasser trinken wird, das ich ihm gebe« – daß es eine ständige Gewohnheit sein mußte, wurde dadurch ausgedrückt, daß das griechische Verb in der Gegenwart stand, und das gab der Schriftstelle eine neue Bedeutung und half ihm in seinem langanhaltenden Leid.

»Laßt uns die Worte des Heilandes nicht ändern«, sagte er in späteren Jahren oft. »Es heißt nicht ›wer getrunken hat‹, sondern ›wer trinkt‹. Es spricht auch nicht von einem einzigen Schluck oder von vielen, sondern von einer ständigen Gewohnheit. In Johannes 6, 35 ist die volle Bedeutung nicht anders. ›Wer (ständig) zu mir kommt, den wird nicht hungern; und wer an mich glaubt, den wird nimmermehr dürsten.‹ Die Gewohnheit, im Glauben zu ihm zu kommen, ist mit ungestilltem Hunger und Durst unvereinbar . . .

Es scheint mir, daß viele von uns den Fehler machen, unser Trinken in die Vergangenheit zu setzen, wogegen unser Durst in der Gegenwart anhält. Was wir brauchen, ist, einfach zu trinken, und dankbar zu sein für jede Gelegenheit, die uns dahin treibt, tiefer von dem lebendigen Wasser zu trinken.«

# Kapitel 16
# Überfließen

In deine starke Hand begeb ich mich,
so wird das Werk getan;
denn wer kann wundersamer wirken
als der Allmächtige?

Dreißig Jahre im aktiven Dienst als Direktor der China-Inland-Mission verblieben Hudson Taylor, und weitere Jahrzehnte sind vergangen, seit er seine Verantwortung in andere Hände legte. Das ist genug Zeit, den Baum an seinen Früchten zu erkennen – mit anderen Worten, das Ergebnis des Glaubens und der Freude an Gott zu prüfen, in welchem sein Leben gegründet war. Wenn die Erfahrungen, die wir miterlebt haben, gefühlsmäßig und unrealistisch wären, wenn das Geistliche nicht zugleich auch das Praktische ist, wenn Gott für die Bedürfnisse seines eigenen Werkes nicht genügsam ist, unabhängig von finanziellen Garantien und menschlichem Schutz, dann hätte der Prüfstein der Zeit etwaige Illusionen sicherlich zunichte gemacht und entlarvt. Doch wenn Hudson Taylor, trotz all seiner Schwächen, das Geheimnis der Kraft und des Segens wirklich in der lebendigen Vereinigung mit dem Herrn Jesus fand, dann bleiben die Ergebnisse – und werden es bis in alle Ewigkeit.

Doch in den krisenreichen Tagen von 1870 war Hudson Taylor noch ein jüngerer Mann in den Dreißigerjahren. Die Mission hatte erst dreiunddreißig Mitglieder. Stationen waren in drei Provinzen eröffnet worden. Bekehrte versammelten sich in zehn oder zwölf kleinen Gemeinden. Es war noch ein kleiner Anfang, doch die Last der Verantwortung war groß, wenn sie ganz auf einem Mann lag, und seine Kräfte brauchten sich nach fünf solcher Jahre in China nach und nach auf.

Ende 1871 wurde es klar, daß Mr. und Mrs. Berger, die sich so für die Arbeit der Mission daheim eingesetzt hatten, ihre anstrengende Arbeit nicht weiter ausführen konnten. Ihr schlechter Gesundheitszustand zwang sie, den Winter auf dem Kontinent zu verbringen.

Saint Hill sollte verkauft werden, und all die Korrespondenz, Buchführung, redaktionelle Arbeit, die Prüfung der Kandidaten und Bewerber und die praktische Führung aller geschäftlichen Angelegenheiten mußten in andere Hände gelegt werden. Aber das Band liebevollen Mitfühlens blieb bestehen. Fast mit einem Gefühl der Trostlosigkeit übernahm Hudson Taylor die Verantwortung, was seinen Verbleib in England für eine Zeit notwendig machte.

Es war ein weiter Weg von Saint Hill nach Pyrland Road, einer kleinen Vorortstraße im Norden von London, und der Wechsel von Bergers Bibliothek zu dem kleinen Hinterstübchen, das als Arbeitszimmer und Büro dienen mußte, war nicht weniger kraß. Doch wie lieb und wert ist in der Erinnerung manchen Herzens »die Nummer 6« und die danebenliegenden Häuser, die nach und nach erworben wurden. Mehr als zwanzig Jahre lang wurde die Arbeit der Mission in der Heimat von diesem Zentrum aus geführt. Die wöchentlichen Gebetsversammlungen wurden in den unteren Räumen abgehalten, von denen zwei sich miteinander verbinden ließen. Manch eine Gruppe von treuen Männern und Frauen, »die Siebzig« und »die Hundert« mit eingeschlossen, gingen aus jenen Türen hervor. Doch wir greifen dem bescheidenen Anfang von 1872 weit voraus, als Hudson Taylor der einzige Geschäftsführer der Mission wie auch ihr Direktor in China war.

»Mein Weg ist nicht leicht«, schrieb er Anfang jenes Jahres. »Ich war nie glücklicher in Jesus, und ich bin fest davon überzeugt, er wird uns nicht verlassen. Doch seit der Gründung der Mission sind wir nie stärker abhängig von Gott gewesen. Zweifellos ist es gut, daß es so ist. Schwierigkeiten geben ihm die Gelegenheit zu zeigen, wie er ist. Ohne sie wüßten wir nie, wie liebevoll, treu und allmächtig unser Gott ist . . . Die Veränderung, die der Abschied von Bergers mit sich gebracht hat, hat mir ziemlich zugesetzt. Ich liebe sie so herzlich. Und es scheint, als ob ein weiteres Band mit der Vergangenheit durchtrennt worden ist, in der meine liebe Heimgegangene, die selten aus meinen Gedanken abwesend ist, solch einen großen Platz einnahm. Doch Gottes Wort sagt: ›Siehe, ich mache alles neu.‹

Mit der Sehnsucht im Herzen, die große Aufgabe der Mission zu fördern, muß es für Taylor schwierig gewesen sein, sich mit routinemäßiger Büroarbeit im Zaum zu halten. Er hastete nicht in überstürzte Abmachungen, da er keine Hinweise darauf hatte, was der Herr im Sinn hatte. Doch als das Gebet um die richtige Hilfe nicht erhört zu werden schien und die Arbeit, die getan werden mußte, ihn von dem abhielt, was er versucht war, als wichtiger anzusehen, da wäre es leicht gewesen, ungeduldig oder entmutigt zu sein. Jemandem, der in ähnlichen Umständen war, versuchte er einige der Lektionen, die er lernte, mitzuteilen.

»Die Gewißheit, daß Gott mich in meine Arbeit berufen und mich dorthin gestellt hat, wo ich bin, ist mir ein großer Trost. Ich habe mir diese Position nicht gesucht, und ich wage nicht, sie zu verlassen. Er weiß, warum er mich hier hinstellt – ob zu lernen, zu wirken oder zu leiden. Das ist weder für Sie noch für mich eine leichte Lektion; doch ich meine ehrlich, daß zehn Jahre wohl verbracht und durchaus wertvoll sind, wenn wir das darin lernten . . . Mose schien vierzig Jahre beiseite gestellt worden zu sein, um das zu lernen . . . Mittlerweile wollen wir uns hüten vor dem ungeduldigen und impulsiven Fleisch, wie auch vor Enttäuschung und Müdigkeit.«

Aber auch dieses eingeschränkte Leben brachte Frucht, weil es in wirklicher Gemeinschaft mit dem Herrn Jesus gelebt wurde. Es ist interessant, seinen besonderen Einfluß auf junge Leute zu beobachten. In der Geschäftigkeit Londons hatte ein aufgeweckter Bursche sein Herz dem Herrn übergeben und wollte sich über die Möglichkeit einer Lebensaufgabe in China informieren. So machte er sich auf den Weg zur Pyrland Road, wo er sich in einem einfach möblierten Raum wiederfand, in dem Leute zu einer Gebetsversammlung zusammengekommen waren.

Er erinnert sich: »Ein übergroßer Wandspruch hing der Tür gegenüber, durch die wir eintraten: ›Mein Gott aber fülle aus alle eure Notdurft‹, und da es für mich ungewöhnlich war, Wandsprüche in solcher Weise an der Wand hängen zu sehen, war ich tief beeindruckt. Zwischen zwölf und zwanzig Menschen waren anwesend . . .

Mr. Taylor eröffnete die Versammlung, indem er ein Lied ankündigte und sich selbst an das Harmonium setzte, um das Lied zu begleiten. Seine äußere Erscheinung beeindruckte mich gar nicht. Er war ein wenig schmächtig und sprach mit leiser Stimme. Wie die meisten jungen Männer verband ich wahrscheinlich Kraft mit geräuschvollem Auftreten und wollte in einer führenden Persönlichkeit auch nach außen hin etwas dargestellt sehen. Doch als er sagte: ›Laßt uns beten‹, und damit begann, die Versammlung im Gebet zu leiten, da änderte ich meine Meinung. Nie hatte ich jemand so beten hören. Darin lag eine Schlichtheit, Hingabe, Kühnheit und Kraft, die mich beruhigte und überwältigte, und die es jedem klarmachte, daß Gott ihn in seinen engsten Freundeskreis einbezogen hatte. Solches Beten war offensichtlich das Ergebnis langen Verharrens im Allerheiligsten und war wie Tau vom Herrn.

Seither habe ich viele Männer öffentlich beten hören, doch die Gebete von Hudson Taylor und die Gebete von Charles Haddon Spurgeon stehen für sich. Wer sie gehört hatte, konnte sie nicht wieder vergessen. Es war ein großartiges Erlebnis, C. H. Spurgeon beten zu hören, der sozusagen eine große Gemeinde von sechstausend Menschen an der Hand nahm und sie ins Allerheiligste führte. Und Taylor für China flehen zu hören, ließ einen etwas davon verstehen, was es heißt: ›Des Gerechten Gebet vermag viel, wenn es ernstlich ist.‹ Die Versammlung dauerte von vier bis sechs Uhr, doch schien sie mir eine der kürzesten Gebetsversammlungen zu sein, der ich je beigewohnt hatte.«

Vom Westen Englands war ein gebildetes, feines Mädchen nach London gekommen, um die Mildmay-Konferenz zu besuchen. Sie wohnte als Gast in Pyrland Road. Sie hörte Taylor die Eröffnungsansprache halten, als sich zwei- bis dreitausend Menschen in der großen Halle drängten, und sie sah, wie diese auf viele Christen in führenden Positionen einwirkte. Doch im praktischen Leben im Missionshaus beeindruckte er sie am meisten, wie er dort die Lasten und Glaubensprüfungen mit täglicher Freude am Herrn trug.

»Ich erinnere mich an Mr. Taylors Ermahnung«, schrieb Miss Soltau lange danach, »allen anderen gegenüber still zu sein und unsere Bedürfnisse nur dem Herrn vorzutragen. Eines Tages nach einem mageren Frühstück, als kaum noch etwas zum Mittagessen vorhanden war, hörte ich ihn erfreut das Kinderlied singen:

›Jesus liebt mich ganz gewiß,
denn die Bibel sagt mir dies.‹

Dann rief er uns zusammen, um den Herrn für seine unveränderliche Liebe zu preisen, ihm unsere Nöte zu sagen und uns auf seine Verheißungen zu berufen. Bevor der Tag zu Ende ging, erfreuten wir uns seiner gnädigen Erhörung.«

Weit davon entfernt, von der Knappheit der finanziellen Mittel nach Mr. Bergers Rücktritt entmutigt zu sein, blickte Taylor bestimmter denn je voraus. Eines Tages stand er vor einer großen Landkarte Chinas in Pyrland Road, wandte sich an einige Freunde, die bei ihm waren, und sagte: »Haben Sie den Glauben, Gott mit mir um achtzehn Männer zu bitten, die zu zweit in die neun unerreichten Provinzen gehen können?«

Miss Soltau war eine von der Gruppe und erinnert sich, wie sie einander vor der Landkarte die Hände reichten und sich ernsthaft vornahmen, täglich für die achtzehn Evangelisten zu beten, bis sie ausgesandt werden konnten. Es gab keinen Zweifel an ihrem Glauben. Doch wie wenig dachte auch nur einer von ihnen an die Ausweitung der Arbeit, die kommen sollte; an die wichtige Rolle, die Miss Soltau selbst in der Entwicklung der Mission spielen sollte; oder an den einzigartigen Dienst, den der früher erwähnte aufgeweckte Bursche, F. W. Baller, tun sollte. Die beiden letzteren wurden in dieser Zeit durch das unbewußte Überfließen in Taylors Leben für die Arbeit gewonnen.

So war auch die Wartezeit fruchtbar, und als Taylor wieder nach China zurückkehren konnte, hinterließ er in London einen Rat aus alten, erprobten Freunden, zusammen mit Miss Blatchley, die für das Haus in Pyrland Road und die Kinder verantwortlich war. Es war keine große Summe, die er den ehrenamtlichen Sekretären übergab. Einundzwanzig Pfund war alles, was sie in der Hand hatten. Aber sie hatten keine Schulden, und so schrieb Hudson Taylor vertrauensvoll an die Freunde der Mission:

»Jetzt, da die Arbeit gewachsen ist, werden zu Hause wie in Übersee mehr Mitarbeiter gebraucht, doch das Prinzip bleibt das gleiche. Wie zuvor werden wir finanzielle Hilfe im Gebet nur von Gott erbitten. Er wird es denjenigen, die er ausersehen hat, aufs Herz legen, sein helfender Arm zu sein. Wenn wir Geld haben, wird es nach China überwiesen; haben wir keins, so wird nichts geschickt; und wir werden auch aus der Heimat nichts anfordern, damit wir nicht in Schulden kommen. Sollte unser Glaube auf die Probe gestellt werden wie schon zuvor, dann wird sich der Herr als treu erweisen wie eh und je. Ja, sollte unser Glaube auch versagen, seine Treue wird es nicht – denn es steht geschrieben: ›Glauben wir nicht, so bleibt er treu.‹«

Nie hatte er dieses Vertrauen nötiger, als sich der Missionsleiter nach einer Abwesenheit von fünfzehn Monaten wieder in China befand. Durch Krankheitsfälle und andere Behinderungen war die Arbeit in einigen der älteren Zentren niedergegangen. Die kleinen Gemeinden waren nicht mehr das, was sie gewesen waren; Stationen waren unterbesetzt, einige sogar geschlossen, und Mr. Taylor wußte kaum, wo er beginnen sollte mit der benötigten Hilfe und Ermutigung. Statt den Vormarsch in unerreichte Gebiete zu planen, mußte er seine ganze Kraft einsetzen, um die existierende Arbeit wieder aufzubauen. Wohl war es, daß er, sich selbst zum Trost, die treue Gefährtin bei sich hatte, die Gott in sein Leben gebracht hatte. Miss Faulding, die beliebte Leiterin der Frauenarbeit in Hangchow, war seine zweite Frau geworden. Sie begann damit den selbstlosen Dienst an seiner Seite, der sie in dreiunddreißig Jahren in der ganzen Mission beliebt machte. Doch oft waren sie getrennt. Bei dem winterlichen Wetter mit viel Schnee war Taylor dankbar, ihr die Reisen zu ersparen, die er selbst machen mußte, oft unter großen Opfern.

»Ich habe die Gemeindemitglieder und die Fragenden eingeladen, morgen mit mir zu essen«, schrieb er von einer geschlossenen Station. »Ich möchte, daß sie alle zusammenkommen. Möge der Herr uns seinen Segen geben. Obwohl die Situation nicht sehr ermutigend ist, sind sie nicht hoffnungslos. Sie werden bald aufblicken durch den Segen Gottes, wenn man sich um sie kümmert.«

Sehr charakteristisch für die praktische Seite von Hudson Taylors Glauben war das Wort: »Sie werden bald aufblicken durch den Segen Gottes, wenn man sich um sie kümmert.« Er ging geduldig und gebetsfreudig, sich auf die belebende Kraft des Geistes verlassend, in die schwierigsten Situationen, löste Schwierigkeiten und Probleme und flößte in gleicher Weise Bekehrten und Missionaren neuen Mut ein. Begleitet von Mrs. Taylor im Jangtse-Tal, verbrachte er drei Monate in Nanking und führte eine Evangelisation durch.

»Jeden Abend ziehen wir eine große Anzahl von Menschen durch Bilder und Lichtbilder an«, schrieb er aus jener Stadt, »und dann

predigen wir ihnen Jesus . . . Gestern abend hatten wir gewiß fünfhundert in der Kapelle. Einige blieben nicht lange, andere waren
fast drei Stunden da. Möge der Herr unseren Verbleib dort an Seelen
segnen . . . Jeden Nachmittag kommen Frauen, um zu sehen und
zu hören.«

Etwas von dem Getragenwerden entnehmen wir aus einer Frage in
einem Brief an Miss Blatchley:

»Wenn man immer an der Quelle trinkt«, schrieb er, »womit fließt
das Leben dann über? – Jesus, Jesus und abermals Jesus!«

In diesem Sinne trug er einen vollen Becher, denn das Überfließen
war gerade jetzt so nötig. So erfüllten die Besuche ihren Zweck und
wurden fortgesetzt, bis Taylor jede Station wenigstens einmal besucht hatte. Das gleiche galt auch für die Außenstationen der Mission. Doch damit allein war er nicht zufrieden. Er suchte auch die
gläubigen chinesischen Leiter in jedem Ort auf, und den Evangelisten, Kolporteuren, Lehrern und Bibelfrauen wurde fast ausnahms-
los persönlich geholfen. Wenn sie zusammen sein konnten, war
Mrs. Taylors Hilfe von unschätzbarem Wert. Manchmal arbeiteten
sie bis spät in die Nacht hinein und erledigten die Korrespondenz.
Auf Reisen, die er hauptsächlich als Mediziner unternahm, war sie
häufig seine Gefährtin; oder sie blieb auf einer der Stationen, wo
Kranke zu betreuen waren, während er zu einer anderen weiterrei-
ste. Wie froh waren sie in jenen Tagen über seine medizinischen
Kenntnisse, denn es gab weder in der Mission noch sonstwo einen
Arzt, außer in den Vertragshäfen. Natürlich vermehrte das Taylors
Belastungen erheblich – so, als er zum Beispiel eine weit entfernte
Station erreichte und dort achtundneunzig Briefe vorfand. Doch am
nächsten Tag nahm er sich Zeit, eine ganze Seite medizinischer Anweisungen für »A-liangs Baby« zu schreiben. A-liang war eine
wertvolle Mitarbeiterin in Chinkiang. Doch ob es längere Briefe
oder Extrareisen bedeutete, er war dankbar für jede Hilfe, die er leisten konnte. »Aller Diener zu sein«, dieses Vorrecht wünschte er
sich am allermeisten.

»Der Herr segnet uns«, konnte er nach fast neun Monaten schreiben, »und die Arbeit nimmt ständig zu, besonders auf dem allerwichtigsten Gebiet der einheimischen Hilfe. Die Helfer brauchen
selbst noch viel Unterstützung, Sorgfalt und Anleitung. Doch wer-

den sie zahlreicher und geschickter, und die Hoffnung Chinas liegt zweifellos in ihnen. Ich betrachte ausländische Missionare nur als Gerüst an einem im Bau befindlichen Gebäude. Je eher es entbehrlich wird, je besser ist es – oder vielmehr je eher es entbehrlich wird, je schneller kann es anderswo mit dem gleichen Ziel eingesetzt werden.«

Wieviel Gebet und Zielsetzung gingen Hand in Hand mit diesem unaufhörlichen Wirken! Es wäre leicht gewesen, das Gefühl der Dringlichkeit für die große Not dort draußen in dem Streß der bestehenden Anforderungen zu verlieren, besonders als die Mittel für die bestehende Arbeit nicht im Überfluß vorhanden waren. Doch bei Taylor war das Gegenteil der Fall. Auf seinen langen Reisen von Ort zu Ort kam er zwischen den einzelnen Stationen durch dicht bevölkerte Landstriche, in denen es von freundlichen und zugänglichen Menschen nur so wimmelte, und sein Herz blutete mehr und mehr für die Unerreichten nah und fern.

»Letzte Woche war ich in Taiping«, schrieb er an den Rat in London. »Mein Herz war tief bewegt von den Menschenmassen, die buchstäblich die Straßen auf einer Länge von zwei oder drei Meilen verstopften, denn es war Markttag. Wir predigten nur wenig, denn wir schauten uns nach einem passenden Haus für eine ortsfeste Arbeit um. Doch fühlte ich mich gedrungen, an die Stadtmauer zu gehen und dort zum Herrn um Gnade für diese Menschen zu flehen. Auch bat ich ihn, ihre Herzen aufzutun und uns einen Eingang unter ihnen zu verschaffen.

Ohne uns viel umzutun wurden wir mit wenigstens vier bekümmerten Seelen in Kontakt gebracht. Ein alter Mann fand uns, obwohl ich nicht weiß wie, und folgte mir zu unserem Boot. Ich bat ihn herein und fragte nach seinem Namen.

›Mein Name ist Dzing‹, erwiderte er. ›Doch die Frage, die mich bedrückt und auf die ich keine Antwort finde, ist: Was soll ich mit meinen Sünden tun? Unsere Gelehrten sagen uns, daß es keine zukünftige Welt gibt, doch mir fällt es schwer, daran zu glauben . . . Lieber Herr, ich liege auf meinem Bett und denke nach. Tagsüber sitze ich allein und denke nach. Ich denke und denke immer wieder nach, doch kann ich nicht sagen, was mit meinen Sünden wird. Ich bin zweiundsiebzig Jahre alt. Ich erwarte nicht, noch weitere zehn

Jahre zu leben. Können Sie mir sagen, was ich mit meinen Sünden tun soll?‹

›Das kann ich tatsächlich‹, war meine Antwort. ›Um diese Frage nämlich zu beantworten, sind wir so viele tausend Meilen hierhergekommen. Hört zu, und ich werde Euch erklären, was Ihr hören wollt und müßt.‹

Als meine Gefährten zurückkehrten, hörte er abermals die wundersame Geschichte vom Kreuz, und er verließ uns getröstet und gefaßt . . . Ich bin froh zu hören, daß wir ein Haus mieten konnten, und wir hoffen, bald einen christlichen Kolporteur in der Stadt ansässig machen zu können.«

Die gleiche Arbeit mußte fast in fünfzig Städten in jener einzigen Provinz Chekiang getan werden, alles Städte ohne einen Zeugen für Jesus. Und erst die wartenden Millionen weiter im Inneren! Allein dort in seinem Boot konnte Taylor nichts anderes tun, als die ganze Last auf den Herrn zu  werfen. Sein Glaube wurde gestärkt, und in einer seiner Bibeln finden wir den Eintrag, den er am folgenden Tag, dem 27. Januar 1874, machte:

»Bat Gott um fünfzig oder hundert einheimische Evangelisten und um so viele Missionare, wie gebraucht werden, um die vier Fu- und achtundvierzig Hsien-Städte zu besetzen, die in Chekiang noch unbesetzt sind, auch um Männer, um in die neun unerschlossenen Provinzen vorzustoßen. Bat im Namen Jesu.

›Ich danke Dir, Herr Jesus, für die Verheißung, auf die ich mich stützen kann. Gib mir alle nötige körperliche, geistige und geistliche Kraft, für dieses dein großes Werk.‹«

Doch so seltsam es klingen mag, die unmittelbare Folge war nicht größere Kraft, sondern eine ernste Erkrankung. Woche um Woche litt er hilflos, allein fähig, am Glauben und der himmlischen Schau festzuhalten. Der Spendeneingang war in den letzten Monaten so niedrig gewesen, daß er kaum wußte, wie er das wenige, das hereinkam, verteilen sollte. Nichts blieb auf der Hand für eine Ausweitung der Arbeit. Doch »wir dringen vor ins Innere«, hatte er den Sekretären in London geschrieben. »Ich hoffe so sehr, einige der notleidenden Provinzen bald evangelisiert zu sehen. Ich sehne mich danach des Tags und bete dafür des Nachts. Kann es den Herrn weniger bekümmern?«

Nie war ein weiterer Vorstoß unmöglicher erschienen. Doch in der offenen Bibel vor ihm befand sich ein Eintrag von der Abmachung seiner Seele mit Gott, und in seinem Herzen war die feste Überzeugung, daß, selbst für das Innere Chinas, Gottes Zeit fast gekommen war. Und als er allmählich genas, wurde ihm ein Brief in die Hand gedrückt, der zwei Monate von England unterwegs gewesen war. Er war von einem unbekannten Briefschreiber.

»Verehrter Herr«, hatte die etwas zittrige Hand geschrieben, »ich preise Gott – in zwei Monaten hoffe ich, Ihrer Mission achthundert Pfund* für die fernere Erweiterung der China-Inland-Mission zur Verfügung zu stellen. Bitte denken Sie daran, für neue Provinzen . . .

Ich finde Ihre Empfangsbescheinigung schön: ›Der Herr unser Banner‹; ›Der Herr wird uns versorgen.‹ Wenn der Glaube angewandt und Lobpreisung emporgesandt wird, wird der Herr der Heerscharen dadurch sicherlich geehrt.«

Achthundert Pfund für »neue Provinzen«! Kaum konnte der Genesende glauben, daß er richtig gelesen hatte. Die tiefsten Wünsche seines Herzens schienen ihm aus jenem Blatt ausländischen Briefpapiers entgegenzublicken. Noch bevor er das Gebet in seine Bibel eingetragen hatte, war der Brief abgeschickt worden; und jetzt, wo er am meisten gebraucht wurde, hatte er ihn mit seiner wunderbaren Bestätigung erreicht. Dann war Gottes Zeit sicherlich gekommen!

Aus seinem Krankenzimmer zurück ins Jangtse-Tal war der nächste Schritt, und in Chinkiang erbrachten jene Frühlingstage einen nennenswerten Umschwung. Dort, wie fast auf allen Stationen, war den chinesischen Christen neues Leben geworden. Bekehrte wurden in die Gemeinden aufgenommen, und chinesische Leiter nahmen zu an Eifer und Fähigkeit. Ältere Missionare fanden trotz der vielen Nöte in ihren großen Gebieten neuen Mut, und junge Männer, die beim Sprachstudium gute Fortschritte gemacht hatten, waren nach Pionierarbeit begierig. Alle, die ihre Stationen verlassen konnten, kamen mit Mr. Taylor zu einer Konferenz und zum Gebet

* Damals soviel wie etwa 16 000 Mark.

zusammen, bevor er und Mr. Judd sich den großen Fluß hinauf auf den Weg machten, um sich nach einer Basis für den lang erbeteten westlichen Zweig der Mission umzuschauen.

»Ist der Herr nicht gut, uns so zu ermutigen«, schrieb Taylor von Chinkiang, »gerade als wir durch den Mangel an finanziellen Mitteln so schwer geprüft wurden?«

Doch nicht der plötzliche Überfluß war für den neuen freudevollen und hoffnungsvollen Ton verantwortlich, wie einem Brief an einen Freund entnommen werden kann, der im Glaubensleben tiefe Erfahrungen gemacht hatte.

»Nie hat unsere Arbeit solch reale Prüfungen und Glaubensproben mit sich gebracht. Die Krankheit unserer lieben Freundin, Miss Blatchley, und ihr übergroßer Wunsch, mich zu sehen; die Bedürfnisse unserer lieben Kinder; die Finanzlage; die Veränderung, die die Arbeit mit sich bringt, weil einige nach Hause reisen, andere herkommen und die Arbeit sich ausweitet sowie viele andere Dinge, die man nicht leicht niederschreiben kann – all dies wären erdrükkende Lasten, würden wir sie tragen. Doch der Herr trägt uns und sie und macht unsere Herzen so froh in ihm – nicht in ihm und in einem Bankkonto. So habe ich mich nie freier von Sorge und Not gefühlt.

Letzte Woche, als ich Shanghai erreichte, standen wir vor einer großen unmittelbaren Not. Beide Postlieferungen waren gekommen, doch keine Überweisung war dabei. Und das Kontobuch wies keinen Überschuß in der Heimat auf. Ich warf die Last auf den Herrn. Als ich am nächsten Morgen erwachte, wollte ich mutlos werden, doch der Herr gab mir die Worte: ›Ich habe ihr Leid erkannt und bin herniedergefahen, daß ich sie errette‹; ›Ich will mit dir sein.‹ Noch vor sechs Uhr war ich sicher, daß Hilfe im Anzug war. Um die Mittagszeit erhielt ich einen Brief von Mr. Müller, der nach Ningpo geschickt worden war und mich deshalb erst jetzt erreichte, und der mehr als dreihundert Pfund enthielt.

Meine Not ist groß und dringend, doch Gott ist größer und näher. Und weil er ist, was er ist, muß alles, ist alles und wird alles gut werden. Ach mein lieber Bruder, die Freude, den lebendigen Gott zu kennen, den lebendigen Gott zu sehen und in dem lebendigen Gott zu ruhen in unseren besonderen und seltsamen Umständen! Ich bin nur sein Werkzeug. Er wird schon auf seine Ehre sehen, seine Diener versorgen und all unsere Notdurft nach seinem Reichtum ausfüllen. Sie helfen dazu durch Ihre Gebete, Ihr Glaubenswerk und Arbeit in der Liebe.«

Ein kurzer Brief an Mrs. Taylor ungefähr um die gleiche Zeit (April 1874) enthielt gleiches Vertrauen: »Die Summe in unseren Händen gestern war siebenundachtzig Cent. Der Herr regiert! Darin liegt unsere Freude und unser Friede!« Und an Baller fügte er hinzu, als die Summe noch geringer war: »Wir haben das – und alle Verheißungen Gottes.«

»Fünfundzwanzig Cent«, erinnert sich der letztere, »plus alle Verheißungen Gottes! Man fühlte sich so reich wie ein Krösus und sang:

›Für alle Güter dieser Erde
mein segensreiches Leben ich nicht ändern möcht.
Ich neid dem Sünder nicht sein Gold,
wenn ich nur im Glauben bestehen wollt.‹«

Das Thema der Konferenz in Chekiang in jenem Frühjahr war: »Irgendwie wird uns der Herr versorgen.« Mit diesem Gedanken im Sinn schrieb Hudson Taylor an Miss Blatchley:

»Ich bin so sicher, daß der Herr uns versorgen wird, wenn wir nur geduldig darauf warten . . . Mr. Judd und ich werden bald abreisen, um zu sehen, ob wir ein Hauptquartier in Wuchang einrichten können, von wo aus wir Westchina erreichen können, so wie der Herr es schenkt. Wir fühlen uns gedrungen, dieses Unternehmen jetzt zu beginnen – obwohl mit schwacher Kraft –, einmal wegen der Not der unerreichten Provinzen und zum andern, weil wir Mittel in Händen haben für die Arbeit dort, wogegen wir für allgemeine Ausgaben nichts haben . . . Ich kann mir nicht vorstellen, wie uns im nächsten Monat durchgeholfen werden soll, obwohl ich damit rechne, daß uns geholfen wird. Der Herr kann und wird uns nicht verlassen.«

Und doch wurden ihnen zur gleichen Zeit neue Verzögerungen und Schwierigkeiten in den Weg gestellt. Miss Blatchleys Gesundheit hatte, durch ihr tapferes und treues Ausharren bis zum Letzten, stark gelitten. Die Kinder in Pyrland Road brauchten Pflege, und die Arbeit der Mission in der Heimat war fast zum Stillstand gekommen, obwohl Miss Blatchley sich voll einsetzte. Es waren mehr und mehr Angelegenheiten auf sie übergegangen. Mr. und Mrs. Taylor warteten nur solange, bis sich Judd in Wuchang niedergelassen hatte, dann eilten sie heim. Doch noch bevor sie China verlassen konnten, hatte die liebe Freundin, der sie zur Hilfe eilen wollten, alle Lasten niedergelegt.

Fremd und traurig war das Heimkommen einige Wochen später. Sie fanden Miss Blatchleys Platz leer, die Kinder verstreut und die wöchentlichen Gebetsversammlungen eingestellt. Doch selbst jetzt war der Tiefpunkt noch nicht erreicht. Auf dem Weg den Jangtse hinauf mit Judd hatte Taylor sich bei einem Fall ernsthaft verletzt. Eine angebrochene Wirbelsäule macht sich erst langsam bemerkbar, und erst als er schon ein paar Wochen daheim gewesen war, begann sich die Schnellebigkeit Londons bemerkbar zu machen. Es trat eine allmähliche Lähmung der unteren Glieder ein, die ihn vollständig an sein Bett fesselte. Auf dem Höhepunkt seines Lebens darniederliegend, konnte er nur in seinem Krankenzimmer liegen, daran denken, was alles getan werden mußte und was alles nicht erledigt werden konnte – und sich in Gott freuen.

Ja, in Gott freuen! Voll grenzenloser Wünsche und Hoffnungen, mit Nöten, die ihm am Herzen lagen, mit dem Gebet, das er gesprochen und mit der Erhörung, die Gott gegeben hatte, mit Gelegenheiten, die sich in China ergaben, und einer Welle geistlicher Erweckung in den Kirchen in der Heimat, die er so gern missionsbewußter machen wollte. Menschlich gesprochen bestand nur wenig Hoffnung, daß er je wieder stehen oder gehen würde, doch hatte er eine tiefe Freude an dem Willen Gottes, der »gut, wohlgefällig und vollkommen« war. Fest steht, daß von diesem Ort des Leides alles Wachstum der China-Inland-Mission entsprang. Ein enges Bett mit vier Pfosten war jetzt der Wirkungskreis, auf den Taylor beschränkt war. Doch zwischen den beiden Pfosten am Fuße des Bettes befand sich immer noch – die Landkarte! Ja, dort hing sie, die Landkarte von ganz China, und um ihn war Tag und Nacht die Gegenwart dessen, zu dem er im Namen Jesu Zugang hatte. Lange danach, als das Gebet ganz erhört worden war und die Pioniere der Mission Christus weit und breit in jenen Provinzen des Inneren predigten, sagte ein Geistlicher der Kirche von Schottland zu Mr. Taylor:

»Manches Mal sind Sie sicher versucht, stolz darauf zu sein, wie

Gott Sie so wunderbar gebraucht hat. Ich bezweifle, daß irgendein lebender Mann größere Ehre hatte.«

»Im Gegenteil«, war die ernsthafte Antwort. »Ich denke oft, daß Gott sich wohl nach jemand umgeschaut haben muß, der klein und schwach genug war, um ihn zu gebrauchen. Und da fand er mich.«

Als das Jahr zu Ende ging, war die Aussicht auf Besserung nicht größer. Hudson Taylor konnte sich immer schlechter bewegen. Er konnte sich im Bett nur mit Hilfe eines Seiles umdrehen, das über ihm hing. Zuerst hatte er noch ein wenig schreiben können, doch jetzt war es ihm nicht mehr möglich, einen Federhalter zu halten. Die Umstände beraubten ihn auch noch für eine Weile der Hilfe Mrs. Taylors. Dann geschah es, daß zu Beginn des Jahres 1875 ein kleiner Aufsatz seinen Weg in die christliche Presse fand mit dem Titel: »Aufruf zum Gebet: für die mehr als 150 Millionen Chinesen.« Er berichtete kurz von der Tatsache der neun unevangelisierten Provinzen und dem Ziele der Mission. Viertausend Pfund, hieß es darin, waren vor kurzem zu dem besonderen Zweck gegeben worden, das Evangelium in jene entfernten Regionen zu tragen. Chinesische Christen waren bereit, Anteil an der Arbeit zu nehmen. Mehr Missionare, junge Männer, die keine Mühe scheuten, um den Weg zu bahnen, wurden dringend benötigt.

Der Aufsatz fuhr fort: »Möge doch jeder der christlichen Leser sein Herz in diesem Moment zu Gott erheben und eine Minute ernsthaft darum beten, daß Gott in diesem Jahr achtzehn fähige Männer bestimmt, die sich für diese Arbeit zur Verfügung stellen.«

Der Aufsatz berichtete nicht davon, daß der Leiter der Mission allem Anschein nach ein hoffnungsloser Invalide war. Er erwähnte auch die Tatsache nicht, daß die viertausend Pfund von ihm und seiner Frau gekommen waren, ein Teil ihres Kapitals, das sie ganz dem Werk des Herrn geweiht hatten. Er erwähnte auch nicht die Abmachung, die vor zwei oder drei Jahren getroffen worden war, im Glauben für achtzehn Evangelisten zu beten, bis sie gegeben wurden. Doch diejenigen, die den kleinen Aufsatz lasen, fühlten, daß viel dahinterstand und wurden bewegt.

Nicht lange danach nahm Taylors Korrespondenz erheblich zu, sowie auch seine Freude, sie zu erledigen – oder vielmehr zu sehen, wie der Herr sie erledigte.

»Die Mission hatte keine bezahlte Hilfe«, schrieb er zu dieser Zeit, »doch Gott legte es Freiwilligen aufs Herz, ohne vorherige Absprache von Tag zu Tag hereinzuschauen und nach Diktat zu schreiben. Wenn jemand, der am Vormittag kam, nicht lange genug bleiben konnte, um alle Briefe zu beantworten, kam sicherlich jemand anders, und wenigstens zwei oder drei kamen nachmittags. Gelegentlich kam ein junger Freund, der in der Stadt arbeitete, nach Dienstschluß vorbei, um die anfallende Buchhaltung zu machen oder Briefe zu schreiben, die noch nicht beantwortet waren. So ging es Tag für Tag. Eine der glücklichsten Zeiten meines Lebens war die Zeit aufgezwungener Inaktivität, als ich nichts weiter tun konnte, als mich im Herrn zu freuen, geduldig auf ihn zu harren und zu sehen, wie er alle Notdurft ausfüllt. Nie sind meine Briefe vorher oder nachher so regelmäßig und prompt beantwortet worden.

Und die achtzehn von Gott erbetenen Männer begannen zu kommen. Zuerst korrespondierten wir, dann kamen sie, mich in meinem Zimmer zu besuchen. Bald hatte ich eine Klasse, die an meinem Bett Chinesisch studierte. Zur rechten Zeit schickte der Herr sie alle hinaus. Und dann begannen liebe Freunde in Mildmay für meine Genesung zu beten. Der Herr segnete, und ich genas. Ein Grund für meine Krankheit war hinfällig geworden. Wäre ich gesund gewesen und hätte ich mich bewegen können, dann hätten einige vielleicht gedacht, daß *meine* dringenden Appelle die achtzehn Männer nach China geschickt hatten, statt Gott allein. Doch da ich gänzlich aufs Krankenlager geworfen war, oft kaum fähig, eine Bitte um Gebet zu diktieren, war die Erhörung auf unsere Gebete desto offensichtlicher.«

Wunderbar waren auch die Gebetserhörungen um finanzielle Mittel zu der Zeit. Die monatliche Überweisung, die nach China telegraphiert wurde, war einmal sehr klein, fast zweihundertfünfunddreißig Pfund weniger als die benötigten durchschnittlichen Ausgaben. Die Angelegenheit wurde im Gebet vor den Herrn gebracht, und durch seine Güte blieb die Erhörung nicht lange aus. Noch an jenem Abend brachte der Postbote einen Brief, der einen Scheck mit der Aufschrift trug »Vom Verkauf von Tellern« – und die Summe betrug zweihundertfünfunddreißig Pfund, sieben Shillinge und neun Pence.

Als Taylor, nachdem er sich wieder bewegen konnte, von einer Versammlung zurückkehrte, wurde er von einem russischen Adligen angesprochen, der einen Vortrag von ihm gehört hatte. Während sie zusammen nach London reisten, nahm Graf Bobrinsky seine Geldbörse heraus.

»Erlauben Sie mir, eine Kleinigkeit für Ihre Arbeit in China zu geben«, sagte er.

Die Banknote, die er Taylor aushändigte, war eine große Summe, und letzterer erkannte, daß ihm wohl ein Fehler unterlaufen sein mußte.

»Wollten Sie mir nicht fünf Pfund geben«, fragte er. »Bitte lassen Sie mich diese Banknote zurückgeben, denn es sind fünfzig Pfund.«

»Ich kann sie nicht zurücknehmen«, erwiderte der Graf, der nicht weniger erstaunt war. »Fünf Pfund wollte ich eigentlich geben, doch Gott muß beabsichtigt haben, Ihnen fünfzig zu geben. Ich kann sie nicht zurücknehmen.«

Beeindruckt von dem, was sich ereignet hatte, erreichte Taylor Pyrland Road und fand die Hausbewohner zum besonderen Gebet versammelt. Eine Überweisung sollte nach China geschickt werden, und an der vorhandenen Summe fehlten noch neunundvierzig Pfund und 11 Schillinge. Dort auf den Tisch legte Mr. Taylor seine Banknote von fünfzig Pfund. Hätte sie direkter von des Vaters Hand kommen können?

Doch trotz aller Gebetserhörungen in jenen Jahren war der Weg ins Innere Chinas noch lange nicht offen. Tatsächlich kam eine Zeit, nachdem die achtzehn Pioniere ausgesandt worden waren, in der es schien, daß nichts einen Krieg verhindern konnte wegen des Mordes an einem britischen Beamten. Verhandlungen hatten sich monatelang hingeschleppt, doch die chinesische Regierung wollte absolut keine Genugtuung geben. Der britische Botschafter war drauf und dran, sich aus Peking zurückzuziehen. Es schien unmöglich, Feindseligkeiten abzuwenden, und es gab Freunde in der Mission, die Taylor davon abzuhalten versuchten, mit einer Gruppe von acht neuen Mitarbeitern auszureisen.

»Sie werden alle wieder zurückkehren müssen«, sagten sie. »Und was die Aussendung von Pionieren in die weiter gelegenen Provinzen angeht, so steht das völlig außer Frage.«

Hatte man einen Fehler gemacht? Waren die Männer und das Geld vergeblich gegeben worden? Sollte das Innere Chinas dem Evangelium immer noch verschlossen bleiben?

In der Kabine dritter Klasse eines französischen Dampfers lag ein Mann auf seinen Knien und redete mit Gott. »Wie sehnlichst verlangt meine Seele nach der Evangelisation der hundertachtzig Millionen dieser unbesetzten Provinzen. Ach daß ich das Leben von hundert Menschen geben oder einsetzen könnte ihnen zugut!« Alles, was in seiner Kraft lag, hatte er getan. Die Schau hatte er trotz aller möglichen Schwierigkeiten behalten. Und jetzt – ?

Doch Gottes Zeit war tatsächlich gekommen. Bei ihm gibt es nie ein »zu spät«. Im letzten Moment änderte das chinesische Außenministerium seine Haltung. Der Vizekönig, Li Hung-chang, eilte zur Küste und holte den britischen Minister in Chefoo ein. Dort wurde der denkwürdige Vertrag unterzeichnet, der schließlich den Zugang zu allen Teilen Chinas sicherte.

»Gerade als unsere Brüder bereit waren«, frohlockte Taylor später gern, »weder zu früh noch zu spät, öffnete sich die so lange fest verschlossene Tür von selbst.«

# Kapitel 17
# Weiteres Überfließen

Ach, Jesus, du bist meine Quelle,
der tiefe, liebliche Brunnen der Liebe.
Deine Ströme hab ich auf Erden gekostet,
doch werd ich sie oben noch reicher trinken.

A. R. Cousin

Dreißigtausend Meilen reisten die Pioniere der Mission innerhalb der nächsten zwei Jahre durch die Provinzen des Inneren Chinas und erzählten überall die gute Nachricht von der erlösenden Liebe. Und dies führte Taylor in die größte Glaubensprüfung hinein, die er je zu bestehen hatte. Denn das Land schien wunderbar offen, und es war nur natürlich, daß nach Jahren schweren Kampfes zur Öffnung des Weges die jungen Missionare günstige Gelegenheiten ausnutzen wollten, um einen eigenen Hausstand als feste Basis für die Arbeit zu gründen. Das bedeutete natürlich eine Ehefrau! Einige der Pioniere waren verlobt und warteten nur auf Taylors Zustimmung, die ersten weißen Frauen in das Innere mitzunehmen als ihre Gefährtinnen. Sie konnten kaum voraussehen, was das mit sich bringen würde, und daß nach nicht allzu langer Zeit andere Frauen jene beschwerlichen Reisen unternehmen mußten, um die Arbeit weiterzuführen, die von jetzt vielbeschäftigten Müttern begonnen worden war.

Vor Jahren jedoch hatte auch Hudson Taylor vor diesem Problem gestanden und hatte den Grundsatz aufgestellt, Frauenarbeit durchaus zu ermutigen. Wie er vorausgesehen hatte, war die Entrüstung groß, als er die erste Ausreise eines verheirateten Ehepaares in das Innere Chinas guthieß. Die Missionsarbeit in China trat in eine neue Phase ein; neue Opfer mußten gebracht werden, und neue Anforderungen an den Glauben und ihre Beharrlichkeit wurden gestellt.

Doch die Situation entwickelte sich allmählich. Für ungefähr ein Jahr richtete sich die Kritik, mit der Mr. Taylor fertig werden mußte, besonders gegen das ständige überall Umherreisen der Pioniere. Nicht alle Reisen verliefen gut. Es gab Gefahren, und manche Enttäuschung war zu verzeichnen, doch auch große Ermutigungen. »Auswendig Streit, inwendig Furcht«, wie von altersher, und Taylor, der von Verwaltungsarbeiten für die Mission in Chinkiang aufgehalten worden war, war froh, zur Hand zu sein, um anzuleiten und aufzurichten.

Das Geheimnis seiner eigenen Kraft brauchte man nicht weit zu suchen. Immer, wenn seine Arbeit es erlaubte, hatte Mr. Taylor die Angewohnheit, sich zur Erholung an ein kleines Harmonium zu setzen und manche seiner Lieblingslieder zu spielen und zu singen. Doch kam er immer wieder zurück auf

»Jesus, ich ruhe, ich ruhe in der Freude dessen,
was du bist;
und darf erkennen mehr und mehr,
die Fülle deines liebenden Herzens.«

Einer der achtzehn Evangelisten, George Nichol, war gerade einmal bei ihm, als ihm einige Briefe ins Büro gereicht wurden. Einige enthielten die Nachricht von Aufständen bei zwei älteren Missionsstationen. Da er annahm, Taylor wolle allein sein, machte der junge Mann Anstalten, sich zurückzuziehen, als er zu seiner Überraschung jemand pfeifen hörte. Es war der Refrain des oben genannten Liedes:

»Jesus, ich ruhe, ich ruhe in der Freude dessen,
was du bist . . .«

Sich umwendend, konnte Nichol nicht anders als auszurufen: »Wie können Sie pfeifen, wenn unsere Freunde in solcher Gefahr sind!«

»Möchten Sie lieber, daß ich besorgt und bedrückt bin?« war die ruhige Antwort. »Das würde ihnen nicht helfen und mich gewiß für meine Arbeit unfähig machen. Ich muß die Last nur auf den Herrn werfen.«

Tag und Nacht war das sein Geheimnis, »einfach die Last auf den Herrn zu werfen«. Oft hörten diejenigen, die nachts in dem kleinen Haus in Chekiang wach waren, um zwei oder drei Uhr morgens den leisen Refrain von Mr. Taylors Lieblingslied. Er hatte gelernt, daß für ihn nur ein Leben möglich war – nämlich das segensreiche Leben, im Herrn zu ruhen und sich seiner zu erfreuen, unter allen

Umständen, und ihm die Schwierigkeiten zu übergeben, alle, die äußerlichen und innerlichen, die großen und die kleinen.

Taylor war wieder zu Hause in London. Sechs Millionen Menschen waren in China am Verhungern, und zwar in einer Provinz, in der es kaum Missionare gab, außer einiger Pioniere von der China-Inland-Mission. Kinder starben zu Tausenden. Junge Mädchen wurden in die Sklaverei verkauft und in Gruppen in die Städte weiter südlich gebracht. Taylor war von den schrecklichen Ereignissen schwer belastet nach Hause gekommen und tat alles in seiner Kraft Stehende, um der Not abzuhelfen. Finanzielle Mittel zur Rettung von Kindern waren vorhanden, doch wo war die Frau, die in jene schwer heimgesuchte Provinz reisen konnte, um die Arbeit dort zu tun? Keine weiße Frau war je hinter den Bergen gewesen, die Shansi von der Küste trennten. Um dorthin zu gelangen, mußte man zwei Wochen auf gefährlichen Wegen per Eselssänfte reisen und in elenden Gasthäusern übernachten.

Doch zu diesem Unternehmen trennten sich Mr. und Mrs. Taylor, nachdem er nur einige Monate daheim gewesen war. Ein kleines, abgenutztes Notizbuch spricht von den Erfahrungen, durch die ihr Glaube gestärkt wurde, als sie auf Gott harrte, um zu erfahren, ob der Ruf auch wirklich von ihm war. Doch als sie es wußte, hielt noch nicht einmal das Opfer, ihren Mann zu verlassen, dessen Vorschlag die Reise gewesen war, sie davon ab. Sie mußte zwei eigene kleine Kinder, vier ältere Kinder und eine Adoptivtochter, also eine Gruppe von sieben Pflegebefohlenen, zurücklassen. Wie sollte für sie gesorgt werden? All ihre schwierigen Fragen brachte sie zum Herrn, und er beantwortete sie nicht nur und füllte alle Notdurft aus, sondern gab auch Gnade zum Abschiednehmen und zu aller schweren und gefährlichen Arbeit in China.

»Männer, die das Kreuz lieben, werden gebraucht«, hatte Taylor geschrieben, bevor er heimkam. »Ach, möge Gott mich und Dich mit diesem Geist ausrüsten . . . Ich schäme mich so, daß Du und die lieben Kinder mich mehr berühren als die Millionen von verlorengehenden Menschen hier – wo wir uns doch einer gemeinsamen Ewigkeit sicher sind.«

Danach fiel es Taylor leichter, andere Frauen in die vordersten Reihen zu schicken, weil seine eigene Frau den Weg bereitet hatte. Und ein Teil seiner Belohnung war, als sie ein Jahr später (1879) wieder vereinigt waren, Mrs. Taylor in China bei sich zu haben, als sich die Frauenarbeit in einer Provinz nach der anderen im Innern langsam erschloß.

Faszinierend und herzbewegend wie ein Roman ist die Geschichte jener Jahre. Nach einem Schiffbruch in den Schluchten des Jangtse verbrachten die ersten Frauen, die weit in den Westen vorstießen, ein denkwürdiges Weihnachtsfest inmitten ihrer Aussteuer, die auf den Felsen zum Trocknen ausgebreitet war. Und was für Menschenmengen bestürmten sie bei ihrer Ankunft an ihrem Ziel!

»Fast zwei Monate lang«, schrieb Mrs. Nichol von Chungking aus, »habe ich täglich einige hundert Frauen gesehen. Unser Haus ist wie ein Jahrmarkt.«

Mehr als einmal fiel sie vor Erschöpfung mitten unter ihren Gästen in Ohnmacht – die einzige weiße Frau in einer Provinz von sechzig Millionen Menschen. Als sie wieder zum Bewußtsein erwachte, merkte sie, daß die Frauen ihr voller Liebe und Besorgnis zufächerten. Eine Dame, die für sie sorgte wie eine Mutter, pflegte ihre eigene Sänfte mit der dringenden Bitte zu schicken, Mrs. Nichol möge sofort damit zurückkehren. Das bequemste Bett in ihrer Wohnung erwartete Mrs. Nichol, und indem sie alle jüngeren Frauen hinausschickte, setzte sie sich selber nieder, um der erschöpften Besucherin zuzufächern, bis sie einschlief. Dann wurde ein einladendes Essen bereitet, und unter keinen Umständen wurde Mrs. Nichol gestattet zu gehen, bis sie nicht eine vernünftige Mahlzeit gehabt hatte.

Die große Überraschung, die alle zuerst ausgesandten Frauen überall erwartete, war, daß die Menschen froh waren, sie zu sehen, daß sie oft voller Eifer ihrer Botschaft zuhörten, und daß sie nicht nur natürliche Neugier zeigten, sondern auch wirkliche, herzliche Anteilnahme. Und wie bald begann es sich zu zeigen und bemerkbar zu machen – dieses Ausleben und Predigen Christi! Ende des zweiten Jahres, nachdem Missionarinnen in Erscheinung traten, konnten die Pioniere sich über sechzig oder siebzig Bekehrte freuen, die in kleinen Gemeinden tief im Inland aufgenommen wurden.

Emily King, die als erste auf eine Reise von drei Monaten den Han-Fluß hinauf zu den Frauen im Nordwesten ging, war auch die erste, die heimging (Mai 1881). Doch bevor ihr kurzes Leben endete, hatte sie die Freude, nicht weniger als achtzehn Frauen auf das Bekenntnis ihres Glaubens an Christus getauft zu sehen. Sie starb in der Stadt Hanchung an Typhus. Diese Früchte ihres Dienstes tröstete sie über den Schmerz, ihren Mann und ihre kleinen, mutterlosen Kinder zu hinterlassen. »Darum, daß seine Seele gearbeitet hat«, sah der Mann der Schmerzen jene zu ihm kommen, auf die er so lange gewartet hatte – und auch sie fand darin ihren Frieden.

Niemand, außer Hudson Taylor, wußte besser um die Kosten, mit denen solche Arbeit getan wurde, niemand trug sie mehr in unablässigem Gebet.

»Ich kann Dir nicht sagen, wie froh mein Herz ist«, schrieb er inmitten schwerer Zeiten an seine Mutter, »die Arbeit sich in die entferntesten Teile Chinas erstrecken und festigen zu sehen. Dafür ist es wert, zu leben und zu sterben.«

Daraufhin nahm alles einen zügigen und wunderbaren Verlauf. Doch verbunden mit jedem neuen Vorstoß, mit jedem Zuwachs an Kraft und Segen gab es in Taylors eigenen Erfahrungen eine entsprechende Periode des Leides und der Prüfungen. In immer größere Tiefen mußte sein Leben mit Gott gehen. Äußerlich schien es zeitweilig, daß die Arbeit auf einer Woge des Erfolgs getragen wurde. Herrliche Glaubensschritte wurden unternommen, herrliche Gebetserhörungen wurden erfahren. Doch die Vorbereitungen des Herzens davor und die ständigen Belastungen danach waren nur denen bekannt, die sie im Verborgenen mittrugen. Stumm steht man vor solch tiefen Herzensprüfungen, solchen Glaubensproben und solchen Seelenkämpfen. Solch geistlicher Segen und Erfolg ist nur möglich, wenn ein Mann bereit ist, ganz mit Gott zu gehen, wenn er bereit ist, täglich zu sterben, wenn er bereit ist, seinen Brüdern ein Diener zu sein (der Geringste und aller Diener) und wenn er bereit ist, für sie in unaufhörlicher Fürbitte einzutreten, nicht nur ihr Versagen und ihre Schwächen tragend, sondern sie auch im Glauben und in der Liebe stützend.

Vor dem Vorstoß, der der Mission neues Leben gebracht hatte – als die Missionarinnen ins Innere gingen – hatte es eine Zeit intensiven und längeren Leidens gegeben. Dreimal stand Taylors Leben 1879 durch ernsthafte Erkrankungen in Gefahr. Auch in dem darauffolgenden Jahr, in dem die neuen Richtlinien auf die Probe gestellt und durch Gottes Segen bestätigt wurden, stand die Mission vor unablässigen und zunehmenden Schwierigkeiten. Mrs. Taylor berührte ein starkes Prinzip, als sie zu jener Zeit schrieb:

»Meinst Du nicht, wenn wir uns fest vornehmen, uns durch keinen noch so großen Druck die Gemeinschaft mit dem Herrn rauben zu lassen, wir ein Leben stündlichen Sieges führen können, dessen Echo auf uns von allen Teilen der Mission zurückkommt? Ich habe in den letzten Monaten verspürt, daß von all unserer Arbeit die wichtigste jene ist, die unsichtbar auf dem Berg der Fürbitte getan wird. Unser Glaube muß den Sieg für die Mitarbeiter erringen, die Gott uns gegeben hat. Sie kämpfen den sichtbaren und wir müssen den unsichtbaren Kampf kämpfen. Und wagen wir es, weniger als den vollständigen Sieg in Anspruch zu nehmen, wenn es für Jesus ist, und wir in seinem Namen kommen?«

Doch Zeiten der Trübsal führten, wie bei einem geistlichen Gesetz, immer zur Ausdehnung der Arbeit und zum Segen. So war es zum Beispiel, als der Direktor der Mission – nachdem er sich von Mrs. Taylor getrennt hatte, die daheim nicht länger entbehrt werden konnte – sich auf den Weg nach Westen machte zu einer Konferenz mit einigen jüngeren Mitarbeitern.

»Du durchpflügst jetzt das Mittelmeer und wirst bald Neapel erreicht haben«, schrieb er. ». . . ich warte auf den Dampfer nach Wuchang. Ich brauche und kann Dir nicht sagen, wie sehr ich Dich vermisse. Doch Gott läßt mich spüren, wie reich wir in seiner Gegenwart und Liebe sind . . . Er hilft mir, mich trotz unserer widrigen Umstände zu freuen, trotz unserer Armut und trotz verschiedener Austritte aus der Mission. All diese Schwierigkeiten sind nur Gelegenheiten für ihn, seine Gnade, Macht und Liebe zu offenbaren.«

Ich bin sehr beschäftigt«, fuhr er in Wuchang fort, als die Versammlungen begonnen hatten. »Gott gibt uns eine wunderbare Zeit der Gemeinschaft und bestätigt uns zu den Prinzipien, auf denen wir stehen.«

Dieser kurze Satz wirft, in Zusammenhang mit der Krise, in die sie geraten waren, eine Fülle von Licht auf den wichtigen Ausgang jener Tage der Gemeinschaft in Wuchang. Denn obwohl es den jungen Missionaren unbewußt blieb, war es eine Krise, und mehr stand auf dem Spiel, als Hudson Taylor selbst es voraussehen konnte. Nach Jahren des Gebets und des geduldigen, anhaltenden Mühens ergaben sich unvergleichliche Gelegenheiten.

Das Innere Chinas lag offen vor ihnen. Auf allen festen Stationen weit im Norden, im Süden und im Westen wurde Verstärkung gebraucht. Nicht vorwärtszugehen hieß, von der Glaubensgrundlage abzugehen, die sie bei Beginn gehabt hatten. Es hieß, eher auf die Schwierigkeiten, als auf den lebendigen Gott zu blicken. Sicher, die Finanzlage war kritisch, war es seit Jahren, und neue Mitarbeiter kamen nur wenige. Es wäre leicht gewesen zu sagen: »Im Moment ist keine Ausweitung möglich.« Doch nicht vorwärtszugehen hieß, die Arbeit zu verstümmeln und zu behindern, hieß, Gelegenheiten wegzuwerfen, die Gott gegeben hatte, hieß vielleicht, die Stationen zu schließen, die unter so großen Opfern eröffnet worden waren. Das konnte sicherlich nicht sein Weg für die Evangelisation des Inneren Chinas sein.

Was war denn das Ergebnis jener Tage stillen Harrens auf Gott? Es war ein so überraschender Glaubensschritt, daß für eine Weile das Verständnis der Freunde daheim sehr auf die Probe gestellt wurde. Denn es war nichts weniger als ein Appell an die Gemeinden in der Heimat – der später von fast allen Mitgliedern der Mission unterzeichnet wurde – um siebzig neue Mitarbeiter, die innerhalb der nächsten drei Jahre ausgesandt werden sollten. Die Gesamtzahl aller Mitglieder der Mission betrug knapp hundert, und lange waren die finanziellen Mittel knapp bemessen gewesen. Doch so sicher war sich die Gruppe in Wuchang, in ihren Gebeten und Erwartungen von Gott geführt zu werden, daß einer von ihnen ausrief:

»Wenn wir uns doch nur wiedertreffen und eine große Lob- und Dankversammlung abhalten könnten, wenn der letzte der Siebzig China erreicht hat!«

Man hatte sich darüber geeinigt, daß die Zeitspanne, in welcher die Erhörung erwartet werden sollte, drei Jahre betragen sollte (1882–84), da es kaum möglich sein würde, so viele Mitarbeiter in einer kürzeren Zeit aufzunehmen und für sie alles vorzubereiten.

»Wir werden dann weit verstreut sein«, sagte ein anderer mit einem praktischen Sinn. »Doch warum sollten wir die Lob- und Dankversammlung nicht jetzt gleich halten? Warum sollten wir für die Siebzig nicht danken, bevor wir uns trennen?«

Dem wurde zugestimmt und die Versammlung abgehalten, so daß alle, die am Gebet teilgenommen hatten, sich jetzt auch zum Dank vereinigten.

Und die Siebzig wurden auf wunderbare Weise in den nächsten drei Jahren gegeben! Aber der Glaube wurde in vieler Hinsicht in den Schmelztiegel geworfen. Finanzkrisen blieben weiterhin ernst, doch wurden sie von Prüfungen übertroffen, die mit der Arbeit selbst in Zusammenhang standen. Trotz allem konnte Taylor schreiben:

»Ich fühle mehr und mehr den Segen wahren Vertrauens auf Gott. Er prüft den Glauben, aber er erhält ihn auch. Und wenn unsere Treue versagt, bleibt seine unerschütterlich. ›Er kann sich selbst nicht verleugnen . . .‹

Der Herr Jesus läßt in diesem Jahr in fast jeder Hinsicht mein Herz überfließen von seiner Liebe. Er weiß, was Trennungen und andere Zwischenfälle in unserem Dienst bedeuten, und er verwandelt alle Verluste so wunderbar in Gewinn! . . . Verzeih mir, daß ich davon fortplaudere. Mein frohes Herz muß sich irgendwie Luft machen, selbst unter Zahlen und Überweisungen.«

Als das erste der drei Jahre fortschritt, Jahre, in denen die Siebzig gesucht wurden, wurde es offensichtlich, daß es in der Heimat ernste Bedenken in bezug auf den Appell gab. Mr. Taylor befand sich zu der Zeit in Chefoo und fühlte es auf sein Herz gelegt, den Herrn darum zu bitten, dieser Angelegenheit sein Siegel in solcher Weise aufzudrücken, daß es unmißverständlich war. Es war bei einer der täglichen Gebetsgemeinschaften um den 2. Februar herum, und die wenigen Anwesenden hatten eine große Freiheit, diese Bitte vor den Herrn zu bringen.

»Wir wissen, daß unser Vater seine Kinder erfreuen möchte, und wir baten ihn liebevoll, uns zu erfreuen und die Furchtsamen daheim zu ermutigen, indem er einen seiner wohlhabenden Diener dazu bewegte, sich und seiner Familie großen Segen zu schaffen, indem er großzügig für dieses besondere Projekt gab.«

Einige Tage später segelte Taylor nach England, und erst als er in Aden landete, erfuhr er von dem Ergebnis. Kein Bericht von jener besonderen Gebetsgemeinschaft war nach Hause geschickt worden. Doch in Pyrland Road hatten sie die Freude, am 2. Februar eine Summe von dreitausend Pfund in Empfang nehmen zu können. »Heische von mir, so will ich dir die Heiden zum Erbe geben und der Welt Enden zum Eigentum.« Doch das war nicht alles. Die Gabe war auf ungewöhnliche Weise geschickt worden: die Namen von fünf Kindern standen unter denen der Eltern. Was hätte ermutigender sein können, als zu sehen, wie buchstäblich Gott Gebet erhört?

Es war das gleiche einige Jahre später, als ein weiterer Glaubensschritt unternommen wurde.

Gott hatte das Ausziehen der Siebzig so sehr gesegnet, daß die Mission in der Heimat zu neuen Ehren gekommen war. In jenen Jahren wurde etwas vom Charakter der Pionierarbeit bekannt. »Sie erschließen das Land«, schrieb Alexander Wylie von der Londoner Missionsgesellschaft, »und das ist auch, was wir wollen. Andere Missionen tun ein gutes Werk, doch sie tun nicht dieses Werk.« So wurden gläubige Herzen tief bewegt, als John McCarthy England wieder erreichte, nachdem er von Ost nach West durch China gewandert war, um Christus auf dem ganzen Weg zu predigen; als J. W. Stevenson und Dr. Henry Soltau wieder nach Hause kamen, die ersten, die Westchina von Birma aus erreichten, indem sie dem Jangtse nach Shanghai folgten; und als sich Hudson Taylor in England mit dem Appell der Mission um siebzig neue Mitarbeiter ihnen anschloß. Der Weg war durch die Einsatzbereitschaft von Taylors Schwager, Benjamin Broomhall, geebnet worden, der die Mission in London sieben Jahre lang vertreten hatte und der gemeinsam mit Mrs. Broomhall das Hauptquartier der Mission in Pyrland Road zu einem Zentrum der Liebe und des Gebetes machte. Broomhall hatte eine Gabe, Freunde zu gewinnen, und ein Herz, das die ganze Gemeinde Gottes umschloß, und so ergaben sich offene Türen in manchen Richtungen zum Zeugnis für die Mission. Denn viele Menschen waren begierig zu hören, wie das scheinbar Unmögliche doch zustande gekommen war, und wie ohne Bitten um Geld oder Kollekten die wachsende Arbeit getragen wurde.

»Wenn Sie noch nicht tot sind«, lautete der nette Brief eines Kindes aus Cambridge, für das der Name »Hudson Taylor« ein geflügeltes Wort war, »möchte ich Ihnen das Geld schicken, das ich gespart habe, um den kleinen Jungen und Mädchen in China zu helfen, Jesus liebzugewinnen.«

»Wollen Sie mir die Freundlichkeit erweisen«, drängte Canon Wilberforce von Southampton, »eine Bibellese in meinem Hause für ungefähr sechzig Leute zu halten . . . und die Nacht bei uns zu verbringen? Bitte tun Sie uns diese Liebe in des Meisters Namen.«

»Ihnen im Namen des Herrn viel Liebe«, schrieb Lord Radstock vom europäischen Festland. »Sie sind uns in England eine große Hilfe, indem Sie unseren Glauben stärken.«

Von Dr. Andrew Bonar wurden einhundert Pfund von einem ungenannten Freund aus der Presbyterianerkirche eingesandt für einen, »der sich um das Land Sinim kümmern möchte«. Spurgeon schickte seine charakteristische Einladung zum Tabernakel und Miss Macpherson für Bethnal Green.

»Mein Herz ist noch ganz in der herrlichen Arbeit«, schrieb Berger in einem Brief, dem ein Scheck über fünfhundert Pfund beigelegt war. »Von ganzem Herzen bete ich mit Ihnen um siebzig neue Mitarbeiter – doch hören Sie bei siebzig nicht auf! Sicherlich werden wir noch Größeres erleben, wenn wir, frei von uns selbst, nur Gottes Verherrlichung und die Errettung von Seelen suchen.«

Und Bergers Glaube wurde gerechtfertigt. »Sicherlich werden wir noch Größeres erleben.« Die Siebzig, von Gott gegeben, waren eine überschwengliche Gebetserhörung. Bevor die letzte Gruppe ausreiste, wurde sie von der bekannten »Cambridge-Gruppe« eingeholt, deren wunderbares Zeugnis vor dem Verlassen Englands eine tiefe geistliche Bewegung an den Universitäten Englands auslöste, deren Ausmaße bis ans Ende der Welt spürbar waren. Es gab wahrhaftig eine geistliche Neubelebung, und die Neuauflage von »Chinas geistliche Not und Ansprüche«, die herauszubringen Hudson Taylor auch noch Zeit fand, vertiefte und förderte die Arbeit.

Bevor die Cambridge-Gruppe, die durch die Erweckung in den Universitätsstädten aufgehalten wurde, ausreisen konnte, fuhr Taylor nach China voraus und versäumte so die Aussendungsfeier in

Exeter Hall. Der Kontrast zwischen der Begeisterung jener großen Versammlung für den Auftrag der Mission und jenem einsamen Mann, der in der Kabine des Schiffes auf seinen Knien lag, das ihn zum wahren Kampf hinaustrug, hätte kaum größer sein können. »Getragen von einer Woge der Begeisterung«, wie der Missionssektretär der kirchlichen Missionsgesellschaft es ausdrückte, hatte die Arbeit das Wohlwollen und das Vertrauen von Gotteskindern gewonnen. »Die Mission ist populär geworden«, schrieb Mr. Broomhall nicht ohne Besorgnis. Doch draußen in China mußte Hudson Taylor mit der anderen Seite dieser Tatsache fertig werden.

»Bald werden wir mitten im Kampf stehen«, schrieb er aus dem Chinesischen Meer, »doch der Herr, unser Gott in unserer Mitte, ist mächtig. So wollen wir vertrauen und uns nicht fürchten. Er wird erretten. Er wird zu allen Zeiten und aus allen Dingen erretten.«

Und einige Monate später:

»Das Fleisch und das Herz versagen oft: laß sie versagen! Er versagt nicht. Betet sehr viel, betet ständig, denn Satan wütet gegen uns . . .

Es gibt soviel Trübsal. Deine Abwesenheit ist eine große, allgegenwärtige Prüfung, und dann all die üblichen und unüblichen Konflikte. Doch die Ermutigungen sind ebenso wunderbar; kein anderes Wort kann das besser bezeichnen, und die Hälfte davon kann ich nicht niederschreiben. Niemand kann sich auch nur im entferntesten die große Arbeit vorstellen, die in Verbindung mit unserer Mission geschieht. Andere Missionen werden zweifellos auch großartig gebraucht. Ich erwarte ein wunderbares Jahr.«

Und ein wunderbares Jahr wurde es dann auch (1886), hinführend zu dem nächsten Schritt vorwärts. Auch die Gebetserhörungen waren außergewöhnlich.

Taylor hatte einige Monate im Inland verbracht und viele Bezirke aufgesucht, in denen neue Mitarbeiter ansässig waren. Er war durch Shansi gereist und hatte Konferenzen abgehalten, von denen in einem kostbaren kleinen Buch mit dem Titel »Tage des Segens« berichtet wird. Die stille Kraft seines Lebens und Zeugnisses öffneten den jungen Mitarbeitern die Augen für die tieferen Dinge Gottes. »Tage des Segens« waren es tatsächlich, besonders in Pastor Hsis Bezirk, als Hudson Taylor dem bekehrten Schüler Konfutses zum

erstenmal begegnete. Ihre gegenseitige Liebe und Verständnis füreinander, als sie miteinander über die Zukunft der Arbeit sprachen,
war wunderbar mit anzusehen.

»Wir hatten alle Visionen zu der Zeit«, erinnert sich Stevenson, der
mit ihnen war. »Es waren Tage des Himmels auf Erden. Nichts
schien schwierig zu sein.«

Als er auf dem letzten Stück seiner Reise den Han-Fluß hinunterrei-
ste, war es für Taylor selbstverständlich, ein kleines Mädchen von
fünf Jahren in seine Obhut zu nehmen, deren Missionarseltern erkannten, daß nur eine Luftveränderung an der Küste das Leben des
Kindes retten konnte. Es war keine Frau in der Gruppe, und sie
wußten, daß die kleine Annie vier bis sechs Wochen niemand anders
haben würde, der sich um sie kümmerte, außer dem Missionsdirektor. Und damit waren sie mehr als zufrieden.

»Meiner kleinen Schutzbefohlenen geht es sehr viel besser«, konnte
er vom Boot aus schreiben. »Sie hängt sehr an mir, und es ist schön,
wieder einmal kleine Arme um seinen Hals zu spüren.«

Direkt von dieser Reise kam Taylor zur ersten Ratssitzung der China-Inland-Mission, als das Jahr zu Ende ging. Die neubestellten
Superintendenten der Provinzen versammelten sich in Anking, ein-
schließlich Stevenson und McCarthy, und eine ganze Woche wurde
zum Gebet und Fasten gegeben, damit sie mit vorbereiteten Herzen
die wichtigen Angelegenheiten angehen konnten, die ihnen bevorstanden. Mit der Weisheit, die ihm aus zwanzigjähriger Erfahrung
als Direktor der Arbeit geworden war, versuchte Taylor zu einer
weisen und hilfreichen Organisierung hinzulenken mit dem Blick
auf weitere Entwicklungen. Doch selbst er war überrascht über den
Vorschlag, der sich aus der Konferenz ergab, nämlich, daß für einen
neuen Vorstoß einhundert neue Mitarbeiter dringend benötigt wurden.

Sehr sorgfältig wurde der Vorschlag überdacht, und Hudson Taylor
mußte schließlich zustimmen, daß bei fünfzig zentralen Stationen
und einem von einem Ende bis zum anderen offenen China einhundert neue Mitarbeiter im folgenden Jahr für die erhofften Entwicklungen noch zu wenig waren. Mr. Stevenson, der mittlerweile stell-
vertretender Missionsdirektor geworden war, war voller Zuversicht

und Vertrauen. Er schickte einen kleinen Zettel hinaus, erklärte die Situation allen Mitgliedern der Mission und telegraphiert mit Taylors Einverständnis nach London: »Beten 1887 für einhundert neue Mitarbeiter.«

Doch welch eine Freude verursachte das zu Hause! Einhundert neue Rekruten für China in einem Jahr? Keine existierende Mission hatte je davon geträumt, Verstärkung solchen Ausmaßes hinauszusenden. Die China-Inland-Mission zählte damals nur einhundertneunzig Mitglieder. Für mehr als fünfzig Prozent Wachstum innerhalb der nächsten zwölf Monate zu beten, nun – die Leute hielten den Atem an! Doch nur bis Taylor nach Hause kam. »Stark im Glauben, dem Herrn die Ehre gebend«, brachte er einen geistlichen Auftrieb mit sich, der bald innerhalb der ganzen Mission zu spüren war. Das dreifache Gebet, das sie in China gebetet hatten, wurde von unzähligen Herzen übernommen: 1. Gott möge die hundert Mitarbeiter geben, solche nach seiner Wahl; 2. er möge die fünfzigtausend Dollar benötigten Extraeinkommens schenken, ohne Aufrufe zum Geben und zu Kollekten; 3. das Geld möge in großen Summen kommen, um Schreibarbeit gering zu halten, ein sehr praktischer Punkt bei wenig Büropersonal.

Und was geschah 1887? Sechshundert Männer und Frauen bewarben sich in jenem Jahr bei der Mission, von denen einhundertzwei ausgewählt, ausgerüstet und ausgesandt wurden. Nicht fünfzigtausend, sondern fünfundfünfzigtausend Dollar wurden ohne Bittschriften extra eingenommen, so daß alle Bedürfnisse versehen werden konnten. Und wie viele Briefe mußten geschrieben und wie viele Empfangsbescheinigungen mußten ausgestellt werden, um diese große Summe zu bestätigen? Nur *elf* Gaben machten die Summe aus und trugen somit kaum zur Arbeit des Büropersonals bei, das auf andere Weise bis aufs Äußerste angespannt war. Doch am allerwichtigsten war, daß der Glaube vieler gestärkt wurde, und Herzen wurden bewegt mit neuem tieferen Verlangen, wo auch immer die Geschichte »der Hundert« bekannt wurde.

Ein unerwartetes Ergebnis war der Besuch eines jungen amerikanischen Geschäftsmannes in London, der auch Evangelist war, auf dessen Herz es gelegt worden war, Taylor nach Amerika einzuladen. Henry W. Frost war sich dessen so sicher, daß sein Besuch nach England aus diesem Grund von Gott geführt worden war, daß die Enttäuschung, als Hudson Taylor nicht darauf einging, überwältigend war. Er fühlte sich der China-Inland-Mission durch alles, was er gesehen und gehört hatte, sehr verbunden, besonders auch Taylor, und so kehrte er mit großer Bestürzung nach New York zurück und meinte, seine Mission wäre vergeblich gewesen. Doch Gott hatte erst begonnen, in der Angelegenheit zu wirken.

Im folgenden Sommer (1888) kam Taylor tatsächlich nach Amerika und wurde herzlich von D. L. Moody, den Leitern der Niagara-Bibelkonferenz und anderen empfangen. Dort und in Northfield geschahen erstaunliche Dinge in Erhörung auf Gebete, besonders die Gebete dessen, der solch eine große Enttäuschung erlebt hatte und jetzt voller Freude sah, wie die Hand Gottes über Bitten und Verstehen wirkte.

Denn als Taylor weiter nach China reiste, war er drei Monate später nicht allein. Vierzehn junge Männer und Frauen begleiteten ihn, ein kostbares Geschenk Gottes an die Mission von diesem großen Kontinent. Verschiedene Denominationen waren repräsentiert, sowohl von Amerika als auch von Kanada, und die Gaben und Gebete, die sich so spontan ergeben hatten, waren nur der Anfang eines ständigen Stromes, der seither nach China geflossen ist. So groß war das Interesse, daß sich ein nordamerikanischer Rat formierte, und unter großen Opfern für sich und seine Familie unternahm es Henry W. Frost, den Gott dazu gebraucht hatte, um das alles geschehen zu lassen, die Arbeit zu vertreten und zu leiten. Es war eine der fruchtbarsten Entwicklungen, in die der Herr in Verbindung mit Mr. Taylors Dienst hineinführte, und erfüllt von Zuversicht und Vertrauen fuhr er fort, allem nachzukommen, was sich daraus ergab.

Denn ein großer Schritt vorwärts war getan worden. Von der Zeit an wurde die China-Inland-Mission, die schon immer übergemeindlich gewesen war, auch international. Zwölf Jahre verblieben Taylor noch zum aktiven Dienst, und es waren Jahre im weltweiten Dienst. Ein Besuch nach Skandinavien öffnete ihm die warmen Herzen schwedischer und norwegischer Christen. Deutschland sandte gute Kontingente, die in Verbindung mit der Mission arbeiteten. Australien und Neuseeland hießen Taylor wie einen alten, lieben Bekannten willkommen, und der Chinarat in Shanghai wurde das Zentrum einer größeren Organisation, als ihr Gründer sich je vorgestellt hatte.

Doch das geistliche Überfließen jener Jahre war das Allerbeste – die gleichen Ströme des Segens, die jetzt jedoch bis ans Ende der Welt reichten. Die Eindrücke eines Episkopalgeistlichen, der Taylors Gastgeber in Melbourne war, sind in diesem Zusammenhang sehr aufschlußreich.

»Er war wie eine Gegenstandslektion für Ruhe. Er hob jeden Pfennig seines täglichen Einkommens von der Bank des Himmels ab – ›meinen Frieden gebe ich euch‹. Was den Heiland nicht aufregte und aus der Fassung brachte, das regte ihn auch nicht auf. Die Gelassenheit des Herrn Jesus in allem, auch in den kritischen Augenblicken, waren sein Ideal, aber auch sein praktischer Besitz. Er wußte nichts von Eilen und Überstürzen, von Nerven oder Beunruhigung. Er wußte, daß es einen Frieden gibt, der höher ist denn alle Vernunft, und daß er ohne diesen nicht auskommen konnte . . .

Schließlich sagte ich zu Taylor: ›Ich befinde mich im Arbeitszimmer, Sie im Fremdenzimmer. Sie sind mit Millionen beschäftigt, ich mit Zehnen. Ihre Briefe sind von dringender Wichtigkeit, meine von verhältnismäßig geringer Bedeutung. Doch bin ich besorgt und bekümmert, während sie immer ruhig sind. Sagen Sie mir, was ist der Unterschied?‹

›Mein lieber Macartney‹, erwiderte er. ›Der Friede, von dem Sie sprechen, ist in meinem Fall mehr als nur ein herrliches Vorrecht, er ist eine Notwendigkeit. Ich könnte unmöglich die Arbeit bewältigen, die ich zu tun habe, ohne den Frieden Gottes, der höher ist denn alle Vernunft.‹

Das war mein hauptsächliches Erlebnis mit Mr. Taylor. Hast du es eilig, bist du gehetzt und verzagt? Blicke auf! Sieh den Mann in der Herrlichkeit! Laß das Angesicht Jesu über dir leuchten – das wunderbare Angesicht des Herrn Jesus Christus. Ist er besorgt oder verzagt? Keine Sorgen umwölken seine Stirn, nicht der geringste Schatten der Sorge. Doch sind deine Angelegenheiten auch die seinen.

›Keswick-Unterweisungen‹, wie sie genannt werden, waren mir nichts Neues. Ich hatte jene wunderbaren Wahrheiten empfangen und predigte sie anderen. Doch hier war das *Wahre*, die Verkörperung der ›Keswick-Unterweisungen‹, so wie ich sie nie zu sehen erhofft hatte. Es beeindruckte mich tief. Hier war ein Mann von fast sechzig Jahren, der unwahrscheinliche Lasten trug, und doch absolut ruhig und unbesorgt blieb. Ach, der Berg von Briefen! Jeder von ihnen konnte die Nachricht von Tod, Finanzkrisen, Aufruhr oder ernsthaften Schwierigkeiten bringen. Doch alle wurden mit der gleichen Ruhe geöffnet, gelesen und beantwortet – Christus war der Grund seines Friedens, die Kraft seiner Ruhe. In Christus wohnend, zehrte er von seinem Wesen und seinen Quellen mitten in allen in Frage stehenden Angelegenheiten. Und das tat er in einer Glaubenshaltung, die ebenso einfach wie beständig war.

Doch war er erfreulich frei und natürlich. Ich kann keine Worte dafür finden, außer dem biblischen Ausdruck ›in Gott‹. Er war immer in Gott, und Gott in ihm. Es war das wahre ›in ihm bleiben‹ aus Johannes 15. Doch wie sehr bewunderte ich die Haltung eines Liebenden, die dem zugrundelag. Im Verhältnis zu Christus war eine tiefe Erfahrung des Hoheliedes Salomo bestimmend. Es war eine wunderbare Verbindung – die Stärke und Zärtlichkeit eines Menschen, der mitten in starker Beanspruchung, wie zum Beispiel jener Richter auf der Bank, die Wärme und Liebe von daheim in sich trägt.«

Und in allem blieb die Schau und die geistliche Dringlichkeit jener ersten Jahre unverändert. Tatsächlich vertiefte sich in ihm das Bewußtsein der Verantwortung, dem letzten Befehl Jesu Christi zu gehorchen, als ihm die klare Bedeutung des Aussendungsbefehls noch mehr aufging.

»Ich muß beschämt gestehen«, schrieb er erst 1889, »daß ich nie die Frage erhoben habe, was unser Herr eigentlich mit seinem Befehl meinte, ›predigt das Evangelium aller Kreatur‹. Ich hatte viele Jahre lang gearbeitet, um das Evangelium weiter hinauszutragen, so wie viele andere auch; ich hatte Pläne gemacht, jede unevangelisierte Provinz und viele kleine Bezirke in China zu erreichen, ohne die einfache Bedeutung der Worte unseres Heilandes zu erkennen.«

»Aller Kreatur?« Und die Gesamtzahl protestantischer Gemeindemitglieder betrug nur vierzigtausend. Verdoppelt oder verdreifacht man die Zahl, um die Mitläufer einzuschließen, und stellt man sich vor, daß jeder von ihnen für acht Menschen seines Volkes ein Botschafter des Lichts ist, selbst dann würde nur eine Million erreicht werden. »Aller Kreatur.« Diese Worte brannten sich in seine Seele. Doch wie weit entfernt davon war die Kirche, wie weit entfernt davon war er selbst gewesen, sie wörtlich zu nehmen und danach zu handeln!

»Wie werden wir den Herrn Jesus in bezug auf diesen letzten Befehl behandeln?« so schrieb er mit tiefem Schuldgefühl. »Werden wir ihn ganz willig als unseren Heiland anerkennen, soweit es die Strafe für unsere Sünde anbelangt, doch nicht gewillt sein, uns von ihm besitzen zu lassen, denn ihr seid teuer erkauft. Oder hat Christus Anspruch auf unseren unbedingten Gehorsam? . . .

Wie wenige Gotteskinder haben praktisch erkannt, daß Christus entweder Herr aller Dinge ist oder überhaupt nicht Herr! Wenn wir Gottes Wort beurteilen können, anstatt von ihm verurteilt zu werden, wenn wir Gott soviel oder sowenig wie es uns paßt geben können, dann sind wir die Herren, und er der in unserer Schuld stehende, der für unsere Almosen dankbar ist und dafür, daß wir seinen Wünschen willfahren. Wenn er dagegen wirklich Herr ist, dann laßt uns ihn auch so behandeln. ›Was heißt ihr mich aber Herr, Herr, und tut nicht, was ich sage?‹«

So erlangte Hudson Taylor unerwartet die tiefste Erkenntnis seines Lebens, die Zielrichtung, die die abschließenden Jahre seiner aktiven Führung beherrschen sollte. Es war nichts Geringeres als ein systematisches, bestimmtes Bestreben, das zu tun, was der Meister befahl, nämlich die frohe Botschaft seiner erlösenden Liebe jedem Mann, jeder Frau und jedem Kind in ganz China zu bringen. Er glaubte jedoch nicht, daß die China-Inland-Mission das alles allein tun konnte. Doch glaubte er, daß bei richtiger Aufteilung des Missionsfeldes die Missionskräfte der Kirche dieser Aufgabe gewachsen wären.

Doch sollte er das nicht mehr erleben. Durch die willige Zusammenarbeit der Mission wurde ein Anfang in Kiangsi gemacht, und Pläne reiften für einen Vormarsch auf dem gesamten Missionsfeld. Doch in der Voraussicht Gottes mußte erst eine tiefe Leidenstaufe kommen. Der Boxer-Aufstand überschwemmte 1900 das Land, und die China-Inland-Mission war der Raserei mehr ausgesetzt als irgendeine andere. Taylor hatte nach einer ernsten Erkrankung in sehr schlechtem Gesundheitszustand gerade England erreicht. Mit einem Gefühl von Besorgnis, das sie selbst kaum verstehen konnte, überredete seine Frau ihn, an einen ruhigen Ort in der Schweiz zu gehen, wo sein Gesundheitszustand sich einige Jahre zuvor so sehr gebessert hatte.

Und dort traf ihn der schwere Schlag, als ein Telegramm nach dem andern kam und von Aufständen, Massakern und der Jagd nach Flüchtlingen in einer Missionsstation nach der anderen berichtete, bis das Herz, das diese geliebten Mitarbeiter so lange vor dem Herrn getragen hatte, es fast nicht mehr ertragen konnte und beinahe aufhörte zu schlagen. Hätte er sich nicht gerade in den Schutz jenes entlegenen Tales nach Davos begeben, wo er vor den Nachrichten etwas abgeschirmt war, so wäre Hudson Taylor wahrscheinlich unter jenen gewesen, die ihr Leben um Christi und um Chinas willen in dem unbeschreiblichen Greuel jenes Sommers niederlegten. So durchlebte er es mit Gottes Hilfe.

»Ich kann nicht lesen«, sagte er, als es am schlimmsten stand. »Ich kann nicht beten, ich kann kaum denken – doch ich kann vertrauen.«

Die Boxer-Krise ging vorüber, und die ruhigen Worte eines weißhaarigen Pastors aus Shansi bewahrheiteten sich: »Königreiche mögen vergehen«, sagte er fast mit seinem letzten Atemzug, »doch die Kirche Christi kann niemals zerstört werden.«

In diesem Vertrauen besiegelten er und Hunderte von anderen chinesischen Christen ihr Zeugnis mit ihrem Blut, und in diesem Vertrauen begann das Zeugnis der treuen Diener wieder, die davongekommen waren.

D. E. Hoste, den Hudson Taylor zu seinem Nachfolger bestimmt hatte, war fähig, mit der Situation so weise zu verfahren, daß Feinde zu Freunden wurden, und die chinesischen Behörden brachten ihren Dank zum Ausdruck für das wörtliche Ausführen der Befehle Christi, das von ihrem Standpunkt aus mehr bedeutete als alles Predigen, das dem vorangegangen war.

Und Taylor erlebte noch den neuen Tag der Gelegenheiten, die sich in China darboten. Er erlebte noch die Rückkehr in das Land seiner

Liebe und Gebete. Doch kehrte er allein zurück. Die geliebte Gefährtin vieler Jahre, die die letzten Jahre ihrer gemeinsamen Pilgerreise so erhellt hatte, ruhte über Vevey am Genfer See, wo sie ihr letztes Heim hatten. Mit seinem Sohn und der Schwiegertochter – den Schriftstellern dieses Buches – wandte er sich abermals China zu, und mit dreiundsiebzig Jahren machte er eine der ungewöhnlichsten Reisen seines Lebens.

Wie liebten und verehrten die Christen ihn, als er von Station zu Station reiste, überall als »Chinas Wohltäter« willkommen geheißen und als derjenige, durch den das Evangelium die Inland-Provinzen erreicht hatte! Nachdem er den Jangtse nach Hankow hinaufgereist war und einige Wochen in der nördlichen Provinz Honan verbracht hatte, fühlte sich Mr. Taylor stark genug, um noch eine weitere Reise zu unternehmen. Kaum je hatte er erwartet, sich in Hunan wiederzufinden. Als erste der neun unevangelisierten Provinzen von Pionieren der China-Inland-Mission betreten, hatte sie sich bei weitem als die schwierigste erwiesen. Adam Dorward hatte nach mehr als acht Jahren schwerer Arbeit und Leiden – heimatlos, verfolgt, einem Aufstand entfliehend, um schließlich doch allein zu sterben – sich gefreut, sein Leben in der Hoffnung auf die Ergebnisse zu geben, die wir heute sehen dürfen. Mehr als dreißig Jahre lang hatte Hudson Taylor diese Provinz auf seinem Herzen im Gebet getragen, und es war angebracht, daß ihm als letzte reiche Freude das liebevolle Willkommen der Hunan-Christen werden sollte. Voller Eifer versammelten sich die Christen in der Hauptstadt, in dem Haus von Dr. Frank Keller, der als erster die Erlaubnis erhielt, seinen ständigen Wohnsitz in der Provinz zu haben. Erwartungsvoll freuten sie sich auf die Gottesdienste am Sonntag mit dem beliebten Missionsdirektor, von dem sie soviel gehört hatten. Diejenigen, die schon früher gekommen waren, begegneten ihm am Samstag, als auch die anderen Missionare in der Stadt dem Empfang beiwohnten, der von Dr. Keller und seiner Frau geplant worden war.

Doch an jenem Samstagabend kam *der* Ruf. Nein, es war kaum der Tod – vielmehr das frohe, schnelle Eintreten in das ewige Leben.

»Mein Vater, mein Vater, Wagen Israels und seine Reiter!«

Und der Raum schien erfüllt von unaussprechlichem Frieden.

# Kapitel 18
## Ströme, die weiterfließen

Er sprach mir von einem Fluß,
der fließt von ihm zu mir,
daß ich sei zu seiner Freude
ein guter, fruchtbarer Baum.

Gerhard Tersteegen

Als Hudson Taylor mitten aus dem Herzen Chinas so hinweggerafft wurde – indem er in einem einzigen schmerzlosen Augenblick in die Gegenwart des Herrn ging, den er liebte –, kam fast ein Gefühl der Spannung über viele. Was wird jetzt aus der Mission? Das war die unausgesprochene Frage. Hudson Taylor war ein Mann solch ungewöhnlichen Glaubens! Es ging gut, als er noch lebte und betete. Doch jetzt –? Der Gedanke war nur natürlich, doch die Jahre bewiesen, daß, obwohl der Vater und lange geliebte Leiter der Mission heimging, der Gott, in dem all sein Vertrauen war, bleibt.

Die Zeilen über diesem Kapitel waren Taylor lieb und drücken das Wesen seines geistlichen Geheimnisses aus.

»Es ist sehr einfach«, schrieb er, »denn hat der Herr uns nicht an den Strom lebendigen Wassers gepflanzt, damit wir zu seiner Freude, seinem Volk gut und fruchtbar sind?«

Gott nahm den ersten Platz in Hudson Taylors Leben ein – nicht die Arbeit, nicht die Nöte Chinas oder der Mission, nicht seine eigenen Erfahrungen. Er wußte, daß die Verheißung wahr ist: »Habe deine Lust am Herrn; der wird dir geben, was dein Herz wünschet.« Und gilt die Verheißung für uns heute weniger? Lassen wir die Erfahrung einer der führenden Persönlichkeiten der Mission für viele sprechen.

»Die Arbeit nimmt immer mehr zu«, schrieb Miss Soltau, »und wäre ich nicht von dem Bewußtsein durchdrungen, daß Christus Stunde für Stunde mein Leben ist, so könnte ich nicht weitermachen. Doch er lehrt mich herrliche Lektionen über sein volles Genüge, und jeden Tag werde ich getragen, ohne das Gefühl der Überbelastung oder der Furcht vor einem Zusammenbruch.«

Ströme, die weiterfließen – wie sehr hat sich das in der Erfahrung der sich ständig vergrößernden und wachsenden Mission bewahrheitet! Die Entwicklungen der folgenden Jahrzehnte werden in anderen Büchern beschrieben, und es sind wahrhaft wunderbare Entwicklungen. Wenn wir uns von der Vergangenheit der Gegenwart zuwenden, wollen wir nur auf die praktische Seite von Hudson Taylors geistlichem Leben hinweisen. Er wußte, daß der Gedanke eines, der in den Dingen Gottes sehr bewandert war, zutrifft: »Gott gibt uns nicht überwindendes Leben, er gibt uns Leben beim Überwinden.*« Für ihn lag das Geheimnis des Überwindens in täglicher, ja stündlicher Gemeinschaft mit Gott, und er entdeckte, daß diese nur aufrechterhalten werden konnte durch Gebet und Schöpfen aus dem Wort, durch das er sich der harrenden Seele offenbart.

Es war für Hudson Taylor in seinem wechselhaften Leben nicht leicht, Zeit für das Gebet und Bibelstudium zu finden, doch wußte er, daß es von äußerster Wichtigkeit war. Sehr wohl erinnern sich die Schriftsteller dieses Buches, wie sie mit ihm Monat für Monat durch Nordchina reisten, auf Karren und Schubkarren, und nachts in armseligen Gasthäusern. Oft pflegten sie, wenn nur ein einziger großer Raum für Kulis und Reisende zugleich vorhanden war, eine Ecke für sich und eine für ihren Vater mit irgendwelchen Vorhängen abzutrennen. Und dann, nachdem der Schlaf die meisten übermannt hatte und etwas Ruhe eingekehrt war, hörten sie, wie ein Streichholz angestrichen wurde und sahen das Flackern eines Kerzenlichtes, das davon sprach, daß Hudson Taylor, so müde er auch war, über der kleinen Bibel saß, die er immer zur Hand hatte. Die Zeit von zwei bis vier Uhr morgens nahm er sich zum Gebet. Das war eine Zeit, in der er sicher ging, in seinem Harren auf Gott nicht gestört zu werden. Das flackernde Kerzenlicht hat uns mehr bedeutet, als alles, was wir über Gebet im Verborgenen gehört oder gelesen hatten. Es bedeutete Realität; nicht Predigen, sondern Praxis.

Der schwerste Teil einer Missionarslaufbahn, so fand Hudson Taylor, ist, Zeit zum regulären Bibelstudium und Gebet zu finden. »Satan wird immer etwas für dich zu tun finden«, pflegte er zu sa-

---

* Aus »Mein Äußerstes für Sein Höchstes« von Oswald Chambers, S. 47.

gen. »Und wenn es nur das Zurechtrücken einer Jalousie ist.« Völlig hätte er die gewichtigen Worte bekräftigt:

»Nimm dir Zeit. Gib Gott Zeit, sich dir zu offenbaren. Nimm dir Zeit, ruhig und still vor ihm zu sein. Harre darauf, durch den Geist die Gewißheit seiner Gegenwart zu empfangen und seiner in dir wirkenden Macht. Nimm dir Zeit, sein Wort wie in seiner Gegenwart zu lesen, daß du daraus erkennst, was er von dir fordert und was er dir verheißt. Laß das Wort um dich und in dir eine heilige Atmosphäre schaffen, ein heiliges, himmlisches Licht, in dem deine Seele erfrischt und gestärkt wird für die Arbeit des täglichen Lebens.*«

Weil er das tat, war Hudson Taylors Leben voll von Freude und Kraft durch die Gnade Gottes. Als er über siebzig war, hielt er mit der Bibel in der Hand inne, als er durch das Wohnzimmer in Lausanne ging, und sagte zu einem seiner Kinder: »Gerade habe ich die Bibel zum vierzigsten Mal in vierzig Jahren durchgelesen.« Und er las sie nicht nur, er lebte sie auch.

Hudson Taylor schreckte vor keinem Opfer in seiner Nachfolge Christi zurück. »Männer, die das Kreuz lieben, werden gebraucht,« hatte er mitten aus seiner Arbeit in China geschrieben. Und sollte er heute mit uns reden, würde er uns nicht zur höchsten aller Ambitionen aufrufen? »Zu erkennen ihn (den auch wir über alles lieben) und die Kraft seiner Auferstehung und die Gemeinschaft seiner Leiden.« Hören wir nicht wieder den Ton seiner leisen Stimme, die uns sagt:

»Es ist für uns eine Notwendigkeit, uns für das Leben der Welt hinzugeben. Ein leichtes Leben, das sich nicht selbst verleugnet, wird nie eines mit Vollmacht sein. Fruchttragen bedeutet Kreuztragen. Es gibt nicht zwei Christusse – einen bequemen für träge Christen, und einen leidenden, sich abmühenden für außergewöhnliche Gläubige. Es gibt nur einen Christus. Bist du willig, in ihm zu bleiben und viel Frucht zu bringen?«

* Aus der Einleitung von »Das Geheimnis der Anbetung« von Andrew Murray.

Die Vergangenheit hat weder die Möglichkeiten noch die Forderungen erschöpft, große Dinge für Gott zu tun. Die Kirche, die sich auf ihre vergangene Geschichte, ihre Wunderkraft und Gnade verläßt, ist eine gefallene Kirche . . .

Den größten Wohltäter, den dieses Zeitalter haben würde, ist der Mann, der die Lehrer und die Kirche zum Gebet zurückbringt.

E. M. Bounds in »Vollmacht durch Gebet«

Noch ausführlicher informiert Sie über das Leben Hudson Taylors, sein Werk und seine Missionsmethoden, die Entstehung und Entwicklung der von ihm gegründeten China-Inland-Mission das Buch:

H. u. G. Taylor
*Hudson Taylor*
Ein Mann, der Gott vertraute
334 Seiten. Efalin. (Brunnen-Verlag, Gießen)

# Chronologischer Abriß

| | |
|---|---|
| 1832, 21. Mai | James Hudson Taylor, geboren in Barnsley, Yorkshire, England |
| 1849, Juni | Bekehrung, gefolgt vom Ruf zum Dienst |
| 1850, Mai | Beginn des medizinischen Studiums in Hull als Assistent von Dr. Robert Hardey |
| 1853, 19. September | Taylor segelt nach China als Vertreter der Chinesischen Evangelisationsgesellschaft |
| 1850–1864 | Die Taiping-Rebellion |
| 1854, 1. März | Hudson Taylor landet in Shanghai |
| 1854–1855 | Zehn evangelistische Reisen |
| 1855, Okt.–Nov. | Erstes Heim »Inland«: sechs Wochen auf der Insel Tsungming |
| 1855–1856 | Sieben Monate mit Rev. William C. Burns |
| 1856, Oktober | Hudson Taylor läßt sich in Ningpo nieder |
| 1857, Juni | Rücktritt von der Chinesischen Evangelisationsgesellschaft |
| 1858, 20. Januar | Hochzeit mit Miss Maria J. Dyer |
| 1859, September | Taylor übernimmt die Verantwortung für Dr. Parkers Krankenhaus in Ningpo |
| 1860, Sommer | Rückkehr nach England zum ersten Urlaub |
| 1860–1865 | Jahre »im Verborgenen« |
| 1865, 25. Juni | Übergabe in Brighton und Gebet für vierundzwanzig Mitarbeiter für das Innere Chinas |
| 1866, 26. Mai | Die erste Gruppe der China-Inland-Mission segelt auf der »Lammermuir« nach dem Fernen Osten – eine Reise von vier Monaten |
| 1866, Dezember | Die Lammermuir-Gruppe läßt sich in Hangchow nieder |
| 1867, 23. August | Tod der kleinen Gracie |
| 1868, 22. August | Yangchow-Aufstand |
| 1869, 4. September | Das veränderte Leben – »Gott hat mich zu einem neuen Menschen gemacht!« |
| 1870, 21. Juni | Das Tientsin-Massaker |
| 1870, 23. Juli | Tod von Mrs. Maria Taylor, geborene Dyer |
| 1872, März | Pensionierung von Mr. W. Berger |
| 1872, 6. August | Bildung des Londoner Rats der China-Inland-Mission |
| 1872, 9. Oktober | Rückkehr nach China mit Mrs. Taylor, geborene Faulding |

| | |
|---|---|
| 1874, 27. Januar | Aufgezeichnetes Gebet um Pioniermissionare für die neun unevangelisierten Provinzen |
| 1874, Juni | Eröffnung des westlichen Zweiges der Mission in Wuchang mit Mr. Judd |
| 1874, 26. Juli | Tod von Miss Emily Blatchley |
| 1874–1875, Winter | Die tiefste Ebbe: Taylor in England beiseite gestellt, gelähmt |
| 1875, Januar | Aufruf zum Gebet für achtzehn Pioniere für die neun unevangelisierten Provinzen |
| 1876, 13. September | Unterzeichnung des Chefoo-Vertrages |
| 1876–1878 | Weitverzweigte evangelistische Reisen durch das Innere Chinas |
| 1878, Herbst | Mrs. Taylor leitet den Vorstoß von Missionarinnen ins tiefste Innere |
| 1879, Herbst | Mrs. Nichol und Mrs. Clarke tun Pionierarbeit für die Frauenarbeit in Westchina |
| 1881, Mai | Tod von Mrs. King in Hanchung |
| 1881, November | Der Appell für die Siebzig (Wuchang) |
| 1885, 5. Februar | Aussendung der Cambridge-Gruppe |
| 1886, 13.–26. Nov. | Erstes Treffen des China-Rates und Appell für die Hundert (Anking) |
| 1887, Dezember | Besuch von Henry W. Frost in England, Einladung an Hudson Taylor nach Amerika |
| 1888, Sommer | Hudson Taylors erster Besuch in Nordamerika |
| 1889, Oktober | Die tiefste Erkenntnis seines Lebens: ». . . aller Kreatur« |
| 1889, November | Erste Besuche nach Schweden, Norwegen und Dänemark |
| 1890, August | Erster Besuch nach Australien |
| 1900, Mai | Beginn des »Boxeraufstandes« |
| 1900, August | D. E. Hoste zum geschäftsführenden Direktor ernannt |
| 1902, November | Hudson Taylor übergibt den Direktorposten an D. E. Hoste |
| 1904, 30. Juli | Mrs. Taylors, geborene Faulding, Tod in der Schweiz |
| 1905, Februar | Hudson Taylors Rückkehr nach China zum letzten Besuch |
| 1905, 3. Juni | Heimgang in Hunan |